Hors de la tempête

Chaplain Coach Sy Alli

Dévouement

Ce livre est dédié à ma famille : les filles Tasha Nycole Alli et Samaria Hope Alli. Fils Sy Alli le 4e, petite-fille Joiee Wray Kenney, sœur Rhonda Elaine Alli et beau-frère Rick James, alias « Pretty Ricky comme ils l'appellent ». Merci de m'avoir toujours aimé même quand je ne m'aimais pas. À mes parents, feu Salli Alli Jr. et Joan Ann Alli, qu'ils reposent tous les deux en paix. Merci à tous ces anciens combattants du Veterans Transition Center de Marina, en Californie, de m'avoir accepté comme frère et aumônier !

Reconnaissance

Je veux avant tout remercier Dieu. Ensuite, mon bel ange au paradis, ma tante/marraine, Hessina Dolvin Alli, pour avoir fait de mon projet de rêve une réalité. My Church Family, qui comprend His Grace Ministries International de Salinas, Californie (pasteurs Enrique et Ileana Cardenas) et Community and Family Builders de Pittsburgh, PA (Mme Diane Powell), pour m'avoir donné accès aux lycéens de Penn Hills (PA). . Elevo Learning de San Diego, Californie, pour ma résurgence de carrière en tant que coach de jeunes dans le comté de Monterey, Californie, et ma promotion ultérieure au poste de gestionnaire de réussite de site pour plusieurs districts scolaires de la côte centrale de Californie. Un remerciement spécial à Matt Brown, qui était directeur général d'Anytime Fitness à Marina, en Californie, et à Sean Hastings, qui était directeur adjoint.

Ces gars-là ont vraiment ouvert la porte du centre de remise en forme lorsque j'étais aumônier sans abri et que je vivais dans un refuge pour anciens combattants de l'autre côté de la rue. Ils m'ont offert d'énormes réductions militaires et quelques mois gratuits pour compenser mon manque de fonds à l'époque. C'était vraiment nécessaire et apprécié !

À propos de l'auteur

L'aumônier Sy Alli réside à Carmel, en Californie, où il est responsable de la réussite du site chez Elevo Learning. Chaplain Sy s'occupe également de plusieurs foyers de soins personnels à Monterey et travaille avec des jeunes à risque. Il est diplômé en justice pénale, ainsi qu'en études religieuses et en aumônerie. Il est père de trois enfants adultes : Tasha Nycole, Samaria Hope et Sy Alli the 4.ème. Il a également une petite-fille, Joiee Wray Kenney. En tant que survivant d'une tentative de suicide et ayant lutté contre un SSPT potentiellement mortel, ce livre s'adresse à toutes ces « âmes perdues » qui sont en mer et luttent contre leur situation de dépression et de SSPT.

Sy a mené de nombreuses vies : champion d'Europe de dynamophilie de l'USAF, acteur, lutteur professionnel, professeur d'université et spécialiste de la protection des dignitaires. Son histoire intéresse tous, car la santé mentale a été propulsée au premier plan de notre société !

Préface

J'ai eu envie d'écrire ce livre après être devenu sobre le 1er mars 2020 et, peu de temps après, j'ai donné ma vie à Jésus-Christ. Après cela, j'ai fait une évaluation complète de moi-même et j'ai réalisé que je souffrais d'une dépression massive, et ce, depuis la mort de mes « deux pères » et mon divorce après 20 ans de mariage. J'ai opéré dans deux mondes différents, l'un dans lequel j'épanouissais professionnellement mais où je souffrais dans l'obscurité totale. Dieu est finalement venu pour moi et je suis en vie grâce à lui.

Contenu

Chapitre 1 : Le début

La vie est comme un voyage aventureux en montagnes russes avec son lot de hauts et de bas, de bonheur et de chagrin, de succès et d'échecs. Vous ne savez jamais ce que le moment suivant pourrait vous apporter. À un moment donné, vous pourriez profiter de la vie et votre monde entier pourrait changer et s'effondrer en un clin d'œil. Ce monde est un lieu temporaire ; nous sommes tous des voyageurs ici, vivant notre voyage et nous dirigeant vers ce qui nous est destiné à tous. Mon parcours dans la vie a été à la fois très courageux et imprévisible. J'ai traversé certains des meilleurs et quelques-uns des pires moments, mais je me suis accroché avec foi en DIEU et je n'ai jamais perdu espoir, même lorsque tout semblait s'effondrer. Le jour où vous devenez désespéré est le jour où votre âme meurt ; vous respirez peut-être de l'extérieur, mais intérieurement, vous ne ressentirez rien.

La vie m'a appris à être reconnaissant et reconnaissant pour nos bénédictions, car une fois que nous les perdons, c'est seulement alors que nous réalisons leur importance. Alors, ne perdez jamais votre temps dans la colère, les regrets, les inquiétudes et la rancune les uns contre les autres, car la vie est trop courte pour être malheureux. Parfois, en tant qu'humains, nous avons tendance à prendre la vie pour acquise sans reconnaître qu'elle est une bénédiction. Nous ne réalisons pas que si on leur en donnait l'occasion, les personnes qui reposent aujourd'hui dans leurs tombes donneraient n'importe quoi pour revenir une fois de plus et revivre leur voyage.

Le maintien de la stabilité mentale est l'une des plus grandes bénédictions de la vie qui améliore le bien-être général d'un individu. Il favorise l'équilibre émotionnel et la clarté tout en offrant une résilience face aux obstacles de la vie. Une communication efficace, de meilleures relations et une résolution constructive de problèmes sont toutes rendues possibles par une santé mentale stable, et je dis tout cela à travers mon expérience personnelle. Il aide les gens à poursuivre leurs objectifs avec motivation et concentration, ce qui favorise la réussite dans les sphères personnelle et professionnelle. De plus, la stabilité mentale favorise la santé physique, car la connexion corps-esprit influence grandement la vitalité globale.

Une fonction immunitaire améliorée, moins de stress et un sommeil plus profond sont tous facilités par un état mental stable. Cela augmente la capacité d'une personne à être joyeuse, reconnaissante et résiliente face aux difficultés. Un bien-être mental constant favorise l'empathie, la compréhension et l'harmonie communautaire, ce qui profite à la personne et à la communauté. Il s'agit essentiellement de la pierre angulaire d'une vie heureuse et pleine de sens, permettant aux individus de surmonter efficacement et gracieusement les obstacles de la vie.

J'ai traversé beaucoup de difficultés dans ma vie, et il est arrivé un moment où j'ai eu envie d'abandonner et de me suicider. Je me souviens très bien que dans un moment sombre et faible de ma vie, j'ai décidé de me suicider et de mettre fin à mes jours et à toutes les misères que je traversais. C'était le 18 avrilème, 2015, lorsque j'ai mis mon Glock 19 dans ma bouche avec l'intention de me suicider. Cependant, une voix en moi m'a rappelé que je n'étais pas un lâche et que j'étais meilleur que ça, alors je me suis arrêté et j'ai sorti le pistolet de ma bouche.

J'avais minutieusement planifié le jour de mon suicide et, même si c'était un samedi, j'allais souvent travailler. Mon poste était celui de directeur de la sécurité d'entreprise, ce qui impliquait beaucoup de travail sur les systèmes de sécurité, les plans de sécurité et les procédures d'une entreprise de cannabis. Lorsque j'ai été certain que tous les employés étaient partis pour la journée, je me suis assuré que les locaux étaient totalement sécurisés. Après cela, j'ai récupéré une bouteille de Vodka avec l'intention d'en boire un demi-gallon avant d'appuyer sur la gâchette. Cependant, j'étais submergé de courage et je pensais que je n'avais pas besoin d'alcool pour faire cela.

Pendant que j'ajustais ma chaise de bureau, j'ai déplacé le cadre photo placé sur l'étagère qui contenait une photo de mes enfants pour m'assurer qu'il ne serait pas éclaboussé de mon sang. Je ne voulais pas que les beaux visages de Tasha Nycole, Samaria Hope et Sy the 4th soient gâtés par le sang de leur père. Ainsi, j'ai réajusté les images et j'ai poursuivi mon plan peu judicieux. Ce jour-là, j'ai allumé la musique dans mon bureau et j'ai écouté mon groupe préféré, le groupe londonien Incognito, un groupe d'acid jazz que j'avais vu plusieurs fois en concert. J'avais un grand écran dans mon bureau avec toutes les caméras de vidéosurveillance, donc mon bureau était toujours éclairé. Je me suis assis sur ma chaise, j'ai sorti mon Glock 19 de son étui et j'ai tiré une balle dans la chambre. J'ai agité plusieurs fois et j'ai pensé que je ne voulais pas ressentir la douleur, alors afin de mettre fin à mon malheur d'une manière rapide et indolore, j'ai décidé de mettre le pistolet dans ma bouche.

Quand je me suis finalement retrouvé dans une position confortable, j'étais prêt à appuyer sur la gâchette et à me suicider une fois pour toutes. Mais au moment où j'ai décidé d'appuyer sur la gâchette pour mettre fin à mes jours, tout mon bureau est devenu sombre. Toutes les lumières, caméras et musiques ont disparu en un clin d'œil, et tout à coup, il est devenu sombre et complètement silencieux. Pendant une minute, j'ai cru que j'étais déjà mort, et ma mort a été absolument indolore ; cependant, il n'y avait pas de lumière brillante, ce que je pensais expérimenter. Il y eut juste un silence absolu, et c'est à ce moment-là que les choses devinrent intéressantes. Je pouvais réellement traiter mes pensées, donc j'étais confus quant à ce que j'étais et où j'étais. Je pouvais différencier si j'étais vivant ou mort. J'ai ressenti une étrange sensation, comme si une charge électrique traversait mon corps, puis j'ai commencé à ressentir la présence de certains individus autour de moi. Je me suis demandé si c'était le paradis ou l'enfer ? J'ai osé deviner, mais je n'ai pas pu.

Alors que je commençais à formuler mes pensées, j'étais carrément terrifiée à l'idée de déchiffrer ce qui m'arrivait. Les deux individus qui étaient avec moi ont commencé à se rapprocher et je pouvais faiblement les entendre parler. À ce moment-là, je pouvais sentir l'arôme de ces individus et leur présence dans mon espace personnel. Le parfum était celui de mon père, Salli Alli Jr., et de mon beau-père, le révérend Samuel George. Tous deux sont décédés respectivement en 2005 et 2009. J'ai commencé à me poser des questions comme : pourquoi sont-ils ici ? Où suis-je ? Mon cœur a commencé à battre plus vite, ce qui n'a fait qu'ajouter à ma confusion car je ne comprenais pas si j'avais encore de la vie en moi ou non.

Mon père était accroupi sur mon côté gauche tandis que je sentais la main de mon beau-père sur mon épaule droite. Je me souvenais distinctement de cette prise de nos poignées de main que nous avions. Pendant que j'étais occupé à réfléchir à ce qui se passait, ils ont commencé à parler, et cette fois, je pouvais les entendre haut et fort. Mon père était vraiment bouleversé et m'a réprimandé pour avoir été stupide d'avoir laissé tous mes proches derrière moi et d'avoir choisi de mettre fin à mes jours, mais même alors, il ne m'a pas maudit ni maltraité. Je pensais que c'était ce que le Ciel devait faire à une personne. Et puis mon beau-père m'a dit quelque chose que je n'oublierai jamais, il a dit :

« Fils, sais-tu ce que tu vas laisser derrière toi dans ton sillage ? » Avant que je puisse lui répondre, un projecteur déroulant est apparu devant moi, et il a projeté toute ma vie devant moi, depuis ma naissance jusqu'à mon suicide. C'était comme si un film se jouait sous mes yeux, et le pire de toute la bobine était le point culminant. Quand j'ai regardé le moment où je me suis tiré une balle et où je me suis vidé de mon sang dans mon bureau, les scènes qui sont apparues par la suite m'ont profondément terrifié. J'ai vu mes collègues entrer enfin dans mon bureau pour retrouver mon corps sans vie et paniqués.

Le film m'a ensuite montré comment ma famille a été informée ainsi que la tristesse et la colère que ma famille et mes amis ont ressenties en apprenant la terrible nouvelle de ma mort. C'était la partie la plus difficile à regarder puisqu'il était impossible de me détourner ou de fermer les yeux. J'ai regardé mes enfants, dévastée par le fait que j'allais me suicider. Mes enfants avaient besoin de conseils car ils avaient l'air complètement brisés. Ils avaient également besoin de conseils concernant leur dépendance à l'alcool et aux drogues, conséquence du suicide de leur père. À un moment donné, j'ai fait pipi dans mon pantalon, et je ne sais pas si c'était le résultat d'un choc ou quoi.

Dès la fin du film, mes deux pères ont dit à l'unisson :

"Est-ce que c'est vraiment ce que tu veux?"

À ce moment-là, j'étais complètement détruit et je ne savais toujours pas ce qui se passait, mais je me souviens très bien d'avoir murmuré « Non » à ce moment-là. Ensuite, les lumières sont revenues sur mes caméras de vidéosurveillance, elles se sont toutes allumées lentement une par une, et la musique a repris. La chanson d'Incognito s'intitulait « Out of The Storm » et jouait en boucle. J'étais collé à ma chaise car je n'osais pas bouger à cause du choc dans lequel je me trouvais. Je ne comprenais pas ce qui venait de se passer et il m'a fallu un peu de temps pour faire la différence entre ce qui était réel et ce qui ne l'était pas. J'étais trempé de sueur et d'urine et j'étais abasourdi en regardant la montre. Je ne pouvais pas comprendre à quel point le temps s'était écoulé incroyablement. Je me souviens très bien que lorsque je me suis assis sur ma chaise pour me suicider, il était 16 heures du soir. Cependant, il était 21h00 lorsque j'ai repris mes esprits et réalisé que j'étais toujours en vie. Je me suis demandé, qu'est-ce qui vient de se passer ?? Et je pensais que peut-être quelqu'un m'avait joué un tour ou quelque chose du genre. En même temps, je pensais que je n'étais ni ivre ni drogué, donc je ne trébuchais certainement pas. J'ai porté tout cela au fond de mon âme pendant cinq ans jusqu'à boucler la boucle !

Je crois qu'il en faut beaucoup pour arriver au point où l'on n'a plus envie de vivre, et j'ai atteint ce seuil après avoir traversé d'innombrables épreuves. Je suppose que les expériences amères de ma vie ont eu des conséquences néfastes sur ma santé mentale d'une manière ou d'une autre, mais je ne m'en suis pas rendu compte au départ, et je n'en ai pris connaissance que lorsque cela a pris le dessus sur moi. C'était en 1979 lorsque j'ai décidé de rejoindre l'US Air Force (USAF) et je venais tout juste de terminer mes études secondaires. Je me souviens très bien que j'ai suivi l'entraînement de base de l'USAF en septembre 1979, et après cela, je suis resté à San Antonio (Lackland AFB) en raison de ma formation d'application de la loi, de police de sécurité et de défense au sol de la base aérienne au Camp Bullis, qui se déroulait juste à l'extérieur. de Saint-Antoine.

Une fois ma formation terminée, j'ai été envoyé à la base aérienne de Bitburg située en Allemagne de l'Ouest (le nom sous lequel elle était connue à l'époque). À vrai dire, j'étais un jeune homme plein de vie qui s'est déchaîné dans un endroit comme l'Europe, et j'ai passé un moment inoubliable ! Au départ, j'étais SP, mieux connu sous le nom de Police de sécurité, et j'étais responsable de la protection de Flightline et de toutes les zones désignées pour les avions et les zones de stockage de munitions. Comme je venais tout juste de terminer mes études secondaires, j'étais alors assez jeune et aussi naïf. Compte tenu de mon innocence, je me souviens très bien d'avoir acheté mon premier véhicule, une BMW 1800. Mon superviseur, le sergent d'état-major John Jefferson, et sa femme, Eleanor (si je me souviens bien), m'ont fait asseoir un jour et m'ont remis une boîte de préservatifs. . Au début, cela m'a mis un peu mal à l'aise ; cependant, au fur et à mesure que la conversation se déroulait, j'ai commencé à comprendre le contexte et à l'apprécier. Je me souviens très bien qu'il a dit :

« Sy, vous êtes sur le point de vous lancer dans ce voyage à travers l'Europe et l'Europe, en particulier les femmes allemandes qui aiment les hommes noirs. Fils, tu dois être protégé car ils adoreraient avoir ton bébé et partir aux États-Unis sur cette base.

Même si c'était une conversation sérieuse et qu'aucun d'eux ne plaisantait, je ne pouvais pas contrôler mon rire, alors j'ai continué à rire comme un fou pendant qu'ils m'expliquaient tout. Cependant, plus tard, lorsque j'ai commencé à parcourir l'Europe et à découvrir de nouveaux endroits, j'ai réalisé que c'était vrai. J'ai réalisé de quoi ils parlaient lorsque j'ai commencé à fréquenter les boîtes de nuit. Je me suis bien amusé en Europe et j'ai failli épouser une Danoise nommée Annette. Je l'ai rencontrée alors que j'étais déployé à Aalborg, au Danemark.

Annette était absolument magnifique et je l'avais rencontrée dans une discothèque à Aalborg. Je me souviens avec ferveur que tous mes collègues agents de la police de sécurité ont essayé de la rejoindre la nuit où je l'ai rencontrée, mais elle les a tous écrasés. Je me souviens très bien du moment où elle est entrée dans le club, où nous avions établi un contact visuel, mais j'ai quand même joué dur pour l'avoir car je savais qu'elle était en demande. Finalement, après un moment, je suis allé vers elle et je lui ai demandé de danser, puis nous avons dansé pendant le reste de la nuit. Elle avait une carrure très athlétique et les yeux bleus les plus brillants et accrocheurs que j'aie jamais vus auparavant. À mon retour à Bitburg, elle est même venue me voir une fois. Je me souviens que j'avais alors eu trois jours de congé et que je suivais une formation ces jours-là. J'étais au milieu d'un cours de formation lorsque j'ai reçu un appel de la porte principale, et le gars à l'autre bout du fil m'a dit qu'il y avait une belle femme à la porte qui demandait « Sy ». J'ai tout de suite su que ce ne serait autre qu'Annette, alors j'ai couru comme un fanatique et j'ai failli me casser le cou pour me rendre à la porte principale pour la voir ! Je n'ai tout simplement pas pu contenir mon excitation lorsque j'ai posé les yeux sur elle ce jour-là ! Nous avons passé du temps ensemble tout le week-end et nous nous sommes bien amusés. Et une fois le week-end terminé, je l'ai emmenée moi-même à la gare pour la déposer et lui dire adieu.

Annette voulait fermement m'épouser, mais j'étais immature à cette époque, donc je n'étais pas prêt à prendre un engagement comme le mariage. J'étais encore un peu confus, alors j'ai envoyé une photo d'elle à mon père et lui ai dit qu'elle voulait que nous nous mariions tous les deux. Mon père a catégoriquement suggéré qu'il était un peu trop tôt pour que je me lance dans quelque chose comme ça et que je ne pouvais pas suivre le rythme. Il avait tout à fait raison à ce sujet, mais une chose sur laquelle mon père et moi étions d'accord, c'est qu'elle était à couper le souffle !

Le chapitre d'Annette dans ma vie s'est refermé au bout d'un moment, mais elle était définitivement une femme mémorable ! Je me souviens d'avoir noué plusieurs grandes amitiés dans l'Armée de l'Air et d'avoir visité beaucoup de monde.

Finalement, j'ai épousé une très jeune femme, une Panaméenne/Américaine dont la famille résidait également à

Bitburg. Je l'ai épousée à Minot, dans le Dakota du Nord, en 1982 et je me souviens très bien de la façon dont mon père s'y est opposé et m'a dit que j'étais trop immature pour gérer une telle relation. Cependant, je n'y ai pas prêté attention, alors j'ai quand même poursuivi ma décision et je l'ai épousée. Mais je crois que mon père avait raison, car notre mariage n'a duré que quatre ans et nous avons divorcé en 1986. C'est à ce moment-là que je me suis souvenu des paroles de mon père lorsqu'il disait que j'étais « trop jeune et trop stupide » pour me marier, mais je ne l'ai pas fait. écoutez-le. J'étais têtu et je pensais tout savoir mieux que mon père, mais je suppose que je ne savais rien après tout, et cette expérience amère l'a montré. La meilleure chose à propos de Vielka et de mon union était notre magnifique fille, Tasha Nycole.

Alors que j'étais stationné à la base aérienne de Bitburg, en Allemagne, j'ai été sélectionné pour m'entraîner avec l'unité d'élite antiterroriste allemande GSG-9. Seules deux autres personnes de mon unité ont participé à cette formation, et ce fut une expérience formidable de s'entraîner aux côtés du personnel d'élite antiterroriste.

Cet exercice avait pour but de me préparer à mon métier de protecteur qui allait prendre forme dans les années à venir ! J'ai également entraîné l'équipe masculine et féminine de dynamophilie à la base aérienne de Hahn en Allemagne de 1983 à 1986. Nous avons voyagé dans toute l'Europe en avion et en bus, et j'ai conduit l'équipe dans un bus de 26 places. C'était vraiment des moments amusants et j'ai beaucoup apprécié chaque tournée.

Tout au long de ma carrière dans l'Air Force, j'ai été en poste à plusieurs endroits, notamment à Minot, dans le Dakota du Nord ; McGuire AFB, New Jersey ; Base aérienne d'Andrews, Maryland ; Bolling AFB à Washington DC et en Allemagne, où j'ai été affecté deux fois. J'ai quitté la Force en 1986 pour devenir lutteur professionnel. Sans cela, j'y serais resté encore 20 ans.

Je suis retourné dans l'Air National Guard en 1999 dans le New Jersey. J'ai ensuite été en poste à Andrews AFB pendant trois ans, de 2000 à 2003, et tout a changé après le 11/09/2001. Des changements drastiques ont été apportés après les incidents du 11 septembre et je ne voulais pas être déployé à l'étranger parce que j'avais une jeune famille. Je décide donc de ne plus servir dans l'armée.

J'ai perdu une très grosse position auprès de la Banque mondiale à cause de mon activation après le 11 septembre, et j'ai été très déçu d'avoir reçu des commandes, mais je recommencerais. Je voudrais saluer tout particulièrement le 13ème Escadron des forces de sécurité à

Andrews AFB pour m'avoir montré tant d'amour, car c'était une période vraiment difficile pour moi. Je n'oublierai jamais ces frères et sœurs qui se sont mobilisés autour de moi, car ils savaient bien combien d'argent j'avais perdu pendant cette période. Allez, Force aérienne! J'ai servi pendant sept ans dans l'armée et je chérirai tous ces moments et souvenirs pour le reste de ma vie !

Chapitre 2 : « Youngblood » Mes jours de lutte professionnelle

En tant que Powerlifter de l'Air Force, j'ai dû augmenter mon poids de 148 livres à 190 livres pour répondre aux exigences - tous des muscles durs comme la pierre. Au début, j'étais maigre, alors j'ai commencé à lancer des poids pour prendre de la masse. Je me souviens très bien qu'au sommet de mes années de dynamophilie, j'ai fait plusieurs exercices de cardio. J'ai accroupi 600 livres, j'ai appuyé sur un banc 400 livres et je me sentais comme une machine de soulevé de terre humaine pesant près de 700 livres. À ce moment-là, j'ai pu capter l'attention de certains lutteurs professionnels alors que j'étais à l'ancien aéroport Stapleton de Denver en 1986.

J'ai un souvenir précis de l'époque où je rentrais en Allemagne et j'ai croisé quelques lutteurs du WWF dans un bar de l'aéroport ; J'ai rencontré Tony Atlas et Iron Sheik avec Ricky Steamboat. Je suis allé les saluer et, d'une manière ou d'une autre, nous avons entamé une conversation sur la levée de poids. C'est à ce moment-là que ma passion pour la lutte professionnelle s'est réveillée et j'ai réalisé à quel point je l'adorais. C'est Tony Atlas qui m'a demandé si j'étais sportif ou non, ce que j'étais certainement.

Je servais dans l'Air Force depuis sept ans lorsque je les ai rencontrés, et à vrai dire, même l'idée de devenir un lutteur professionnel m'intriguait mais était tirée par les cheveux. Je ne savais pas si je ferais carrière dans l'armée de l'air américaine. J'étais assez jeune, déjà marié à ma première femme, Vielka, et j'avais ma fille, Tasha Nycole. Donc, j'avais vraiment besoin de réfléchir. Au cas où je changerais d'avis, Tony Atlas m'a donné le nom d'un centre de formation de lutte professionnelle situé à Milford,

Connecticut. L'ancien lutteur professionnel Tony Altomare, qui faisait partie de l'équipe connue sous le nom de « Les Siciliens » avec Lou Albano, en était l'entraîneur principal. Soudain, j'ai eu une forte envie de poursuivre une carrière dans la lutte, alors j'ai contacté Tony Altomare et il m'a expliqué que si je voulais devenir lutteur professionnel, je devais me démarquer de la foule.

Tout d'un coup, j'ai commencé à penser très sérieusement à quitter l'Air Force et à me lancer dans le monde farfelu de la lutte professionnelle. Comme je l'ai mentionné plus tôt, j'étais encore assez jeune et immature pour être mari et père d'un enfant de deux ans ; cependant, j'ai décidé de donner une chance à ma passion. Une voix en moi n'arrêtait pas de me dire que ça valait la peine d'essayer. Mais ce que je n'avais pas prévu, c'est le prix que j'allais devoir supporter, et il s'est avéré que ce fut mon mariage avec Vielka. J'ai quitté l'Air Force en 1986, puis j'ai déménagé à Milford, dans le Connecticut, pour rester au « Wrestlers Retreat in Milford » avec d'autres lutteurs qui, comme moi, aspiraient à devenir lutteurs professionnels. Mon mariage en a été affecté et Vielka et moi avons officiellement divorcé en 1987.

Peu de temps après, j'ai déménagé à Pittsburgh au cours des années suivantes et j'ai rejoint la Tri-State Wrestling sous le nom de « Sy Youngblood », où je montrais mes capacités acrobatiques en tant qu'Amérindien/Amérindien. Au début, j'avais des difficultés financières, alors j'ai équilibré mes finances en conduisant un taxi jaune à côté et en luttant pour pouvoir garder l'argent qui afflue. Je regrette souvent d'avoir pris des décisions basées sur mon immaturité parce que j'ai dû reste à l'écart de Tasha Nycole, et elle m'a manqué. Cependant, j'ai veillé à ce qu'elle maintienne sa relation avec sa famille paternelle en l'emmenant en visite à Pittsburgh malgré les nombreuses difficultés. Comme

J'ai commencé à développer une clientèle dans la lutte professionnelle, j'ai embrassé une variété de rôles et j'ai aimé divertir un large public. Qu'il y ait seulement 25 ou 10 000 spectateurs, cela ne m'importait pas ; J'ai tout donné à chaque performance. J'étais connu pour être très audacieux dans les manœuvres aériennes, et cet enthousiasme m'a aussi amené à quitter très tôt la scène de la lutte professionnelle. Je vivais une vie fantastique en apparaissant constamment dans des émissions partout dans l'est des États-Unis en tant que personnages tels que Jumping Jack Flash, le Chocolate Playboy, l'Assassin irakien et le Sgt Sy Youngblood. Même si ma carrière est désormais terminée, une chose est sûre : je chérirai toujours l'expérience de captiver le public et d'assumer différents personnages.

Je me souviens très bien d'un incident survenu lors d'un match et j'attendais sur le ring que cela commence. Pendant ce temps, pendant que je priais, j'ai entendu quelqu'un dans la foule me traiter d'insultes racistes :

"Tu n'es qu'un nègre dans un drap."

Quand j'ai jeté un coup d'œil à l'extérieur du ring, deux hommes ont fait signe à un autre qui a souri à pleines dents et a reconnu l'avoir dit. Le légendaire Bucky Palermo, l'arbitre, s'est précipité vers moi, non pas pour me réprimander mais pour me transmettre de la sagesse. Il m'a rappelé qu'il serait difficile de représenter un personnage du Moyen-Orient en Virginie occidentale.

Bucky m'a rappelé que la foule avait payé pour ma performance et m'a conseillé de ne pas quitter le ring tout seul. Il m'a dit de développer une peau épaisse et a promis de venir avec moi si j'en avais besoin. Je serai toujours reconnaissant pour le soutien et les conseils de Bucky car il était le meilleur ; il m'a aidé à comprendre les subtilités du monde de la lutte et à donner un sens à tout cela. J'avais beaucoup de plaisir à jouer dans la lutte et j'avais rencontré des célébrités telles que « The Rock », Dwayne Johnson lorsqu'il était étudiant, et son père, Rocky Johnson, qui était promoteur dans les Catskills, New York. Des légendes comme Bruno Sammartino, The Bushwackers, Jimmy « Superfly » Snuka, qui m'a donné de bons conseils, et Iron Sheik ont toutes fait partie de mes moments privilégiés. J'ai gagné des titres : j'ai été couronné Champion Junior Heavyweight de la Tri-State Wrestling Alliance, Tri-State Tag Team Champions aux côtés de TC Reynolds, IWA Heavyweight Championship à Columbus, Ohio, et enfin United States Wrestling Federation Heavyweight Championship à Elmira. , New York. Il y a eu de nombreuses interactions mémorables tout au long du parcours et des victoires remarquables dans le monde de la lutte.

Même si je suis devenu célèbre avant les médias sociaux dans l'industrie de la lutte, de multiples commotions cérébrales ont mis fin à ma carrière. Je me blâme entièrement pour mon départ anticipé, dû à une prise de risques importants sur le ring au moment même où je commençais à m'installer dans mon rythme. C'était la première fois que je luttais vraiment contre la dépression. Je me suis négligé physiquement, j'ai abandonné l'haltérophilie et j'ai souffert des conséquences émotionnelles de la fin trop précoce de ma carrière de catcheur professionnel. Le manque de résolution et l'impact sur mon état psychologique sont devenus évidents.

En effet, ce fut une étape difficile et éprouvante de ma vie.

Chapitre 3 : Hollywood sur la Monongahela

Lorsque j'ai commencé mon parcours dans une école de lutte du Connecticut, l'une des premières leçons a été de maîtriser l'art de la chute. Je suis arrivé au centre d'entraînement et j'ai remarqué un pot d'aspirines sur le tapis du ring.

L'entraîneur, Tony, a souligné l'importance d'apprendre à encaisser les bosses, expliquant que c'est essentiel pour prévenir les blessures. Il a souligné l'importance de rentrer le menton en cas de chute pour éviter les blessures au cou, expliquant qu'il était essentiel de répartir le choc de la chute dans tout le corps. Si vous n'entendez qu'un seul impact, cela indique une chute en bonne et due forme, par opposition à deux impacts, qui pourraient entraîner des blessures, a-t-il déclaré.

Le pot d'aspirines sur le tablier du ring représentait la dure réalité du processus d'entraînement. Apprendre à tomber correctement était la base de notre formation, car elle vous préparait aux exigences physiques de la lutte professionnelle, semblables aux cascades.

Pendant les premières semaines, la seule chose à pratiquer était de tomber. Le conseil de Tony était similaire à celui d'un cascadeur : «*Il est crucial de comprendre la physique d'une chute. Être un meilleur cascadeur n'est pas le but ; il s'agit plutôt de s'assurer que les mouvements sont effectués en toute sécurité sur le ring.*» Les premiers jours ont été vraiment difficiles car j'ai pris conscience des conséquences physiques que cela faisait sur mon corps de devoir sortir du lit. Les exigences physiques exigeantes ont mis en évidence l'importance de maîtriser les fondamentaux.

Je peux le dire avec certitude : les leçons que j'ai apprises sur les chutes se sont révélées inestimables tout au long de ma carrière de lutteur. Il ne s'agit pas seulement d'exécuter des mouvements flashy sur le ring, mais aussi de comprendre les bases, d'assurer sa sécurité et, finalement, d'offrir une performance captivante au public. Dans le monde de la lutte professionnelle, le ring de lutte n'est pas un trampoline, comme certains pourraient le penser. Au début de ma carrière, je n'aimais pas faire de chutes importantes. Plus tard, j'ai appris que l'état de la bague jouait un rôle clé : certaines sont plus indulgentes, tandis que d'autres sont rigides. Cela influence le type de mouvements que les lutteurs osent effectuer.

Essentiellement, la réactivité du ring dictait le style du match. Un ring flexible encourageait des démonstrations acrobatiques plus risquées, tandis qu'un ring rigide conduisait à une approche plus conservatrice, donnant la priorité au bien-être des lutteurs dans un métier physiquement exigeant.

En lutte, la qualité du ring est cruciale. Si c'est bon, vous êtes prêt à tout faire – que ce soit plonger depuis la troisième corde, faire des suplex, etc. Un anneau réactif rend ces mouvements plus sûrs pour votre corps, tandis qu'un anneau dur vous fait hésiter à prendre des risques. L'évaluation a lieu après le premier match, et si le ring se sent bien, les lutteurs font tout leur possible, sachant qu'il soutient leurs bosses et leurs chutes.

Ainsi, si l'anneau se sentait bien, ceux du premier match feraient rapport et je me renseignerais sur la qualité de la « bosse ». Une réponse favorable signifiait que j'incorporerais davantage de manœuvres de haut vol, en faisant confiance à l'amorti de l'anneau. Cependant, si l'anneau était rigide, la prudence était de mise.

Le processus impliquait une communication entre les lutteurs. Parfois, votre partenaire vous permet de connaître l'état de la bague. Il ne faut jamais oublier que la sécurité est primordiale, même lorsque l'on repousse les limites. Il s'agit de trouver le juste milieu, notamment un ring qui permet une performance passionnante sans compromettre le bien-être des lutteurs. Une évaluation minutieuse est nécessaire pour garantir une exécution sûre des mouvements sur le ring. Ils doivent être passionnants mais exécutés avec précision.

***

Il y a eu de nombreuses personnes et d'innombrables incidents au cours de ma carrière de lutteur qui méritaient d'être rappelés. Cependant, une personnalité qui s'est démarquée était celle de mon copain, Errol Siegel, un manager de lutte pour les gars. Il a joué un rôle essentiel dans la famille des lutteurs.

Il gérait tout le monde, y compris les gentils du groupe, son break étant le moyen de transport pour les spectacles. Malgré nos différences culturelles – lui étant juif et moi arabe – nous avons plaisanté en disant que si nous pouvions nous entendre, les gens de notre milieu devraient le faire aussi. Errol, approchant les 400 livres, a constamment précisé son poids à 399,5 livres chaque fois que j'évoquais le plus grand nombre de manière ludique.

Autrefois, dans le monde de la lutte, tout était mis en scène. Errol Siegel, connu dans le monde de la lutte sous le nom de Dr Sam Siegel, a joué le rôle d'un neurochirurgien pour les criminels aliénés. Il entre sur le ring avec un stéthoscope, s'imposant ainsi comme un personnage notoire. Malgré sa personnalité théâtrale, Errol était plus qu'un manager de lutte ; il est devenu un ami cher de la famille. Le caractère unique d'Errol s'étendait au-delà du ring ; il était peut-être un poids lourd, mais son agilité en a surpris plus d'un. Dans le monde de la lutte professionnelle, il était connu comme manager et ami bien-aimé de beaucoup. Notre relation s'étendait au-delà du ring – il connaissait ma famille et mes enfants, et je connaissais ses parents dans le New Jersey. Errol et moi avons développé un lien étroit, faisant de sa mort un moment profond et attristant pour moi. Son héritage dans le monde de la lutte demeure, mais le lien personnel que nous avons partagé est ce qui rend vraiment sa mémoire durable et significative.

En tant que heel manager, il s'occupait toujours des méchants. Lutter contre lui, surtout face aux jeunes, signifiait être du côté opposé. Les coups de poing d'Errol étaient violents, manquaient de finesse, et quand on était frappé fort, on qualifiait cela de « pomme de terre ». Je lui disais souvent qu'il était le gars le plus raide du monde à cause de ses coups puissants. Malgré cela, lui et moi partagions une amitié particulière.

Le pourchasser autour du ring est devenu une routine et, étonnamment, pour un homme de sa taille, il était remarquablement léger sur ses pieds. Nous nous sommes liés d'amitié sur la logistique de la lutte, moi conduisant son break qui transportait six ou sept lutteurs avec notre équipement.

C'est devenu notre centre de lutte mobile, nous déplaçant d'un endroit à l'autre, surtout lorsque j'étais encore nouveau sur la scène de la lutte. Ces voyages ont été remplis de beaux moments alors que nous partagions des histoires et des rires, nouant des liens qui dureraient toute une vie.

Au début de ma carrière de lutteur, j'étais vert et inexpérimenté ; cependant, notre amitié a créé une atmosphère de fraternité. Nous sommes devenus une famille très unie, connaissant la vie personnelle, les épouses et les familles de chacun. Bien qu'ils se soient affrontés sur le ring, il y avait une règle tacite : ne jamais se blesser. La lutte était un effort d'équipe semblable à une danse soigneusement chorégraphiée. Le public était notre public et nous devions le divertir sans lui faire de mal. Il était essentiel d'être attentif au bien-être de chacun, afin de garantir que le spectacle reste à la fois captivant et sûr. Avec le temps, j'ai réalisé que la lutte était plus qu'un sport ; c'était une forme d'art. Il a uni des individus d'horizons divers, les transformant en une famille unie qui a surpassé les différences culturelles et personnelles. Nous étions plusieurs et quand nous sortions ensemble, certains gars fumaient de l'herbe. Nous veillions toujours les uns sur les autres et les avertissions du danger potentiel qui les guettait.

***

Au cours de ma carrière de catcheur, j'ai créé beaucoup de souvenirs inestimables. L'un de ces incidents inoubliables impliquait le grand lutteur T.C. Reynolds, lorsque nous nous sommes rendus à un spectacle à Conneaut, dans l'Ohio, pour découvrir qu'il avait été annulé à cause de fortes chutes de neige. Nous avons été bloqués dans un motel Best Western pendant trois jours ; TC avait amené son fils, ce qui a créé une expérience de rapprochement inattendue.

Durant ces journées, nous avons formé tous les trois une camaraderie unique. Le fils de TC, plein d'enthousiasme, a transformé la chambre d'hôtel en une arène de lutte improvisée. Il sautait des meubles et effectuait des coups de coude ludiques sur le lit. Malgré nos personnages à l'écran en tant qu'adversaires, cette fois ensemble a montré notre véritable attention et notre respect les uns envers les autres.

Nous étions plus que de simples adversaires en dehors du ring car nous partagions un lien de camaraderie étroit. Cette expérience a mis en évidence la profonde parenté qui existait entre les lutteurs. Nous partagions un lien qui dépassait les rivalités scénarisées et mettait l'accent sur l'esprit sportif et le respect mutuel. Tout au long de ma carrière, j'ai entendu parler d'un certain nombre de fausses croyances concernant ma profession. L'une des idées fausses les plus répandues à propos des lutteurs professionnels est qu'ils gagnent beaucoup d'argent. Cependant, l'amère réalité est que la lutte professionnelle n'a pas toujours été lucrative pour nous. Certains matchs ne payaient que 25 ou 30 dollars, remettant en question l'illusion selon laquelle tous les lutteurs gagnaient beaucoup d'argent. En réalité, nous gagnions souvent juste assez pour contribuer à l'argent de l'essence d'Errol pour le voyage.

Les difficultés financières étaient courantes, comme en témoigne le fait que parfois nous n'avions pas les moyens de nous payer une chambre d'hôtel. Après un spectacle, nous retournions en ville le soir plutôt que de passer la nuit. Malgré le maigre salaire, nous avons maintenu un sentiment de camaraderie. Si quelqu'un conduisait, d'autres se mobilisaient pour partager la responsabilité.

L'argent était serré et nos repas d'après-match étaient souvent constitués de sandwichs faits maison. Se lancer dans le secteur de la lutte s'est accompagné de défis financiers et le salaire initial ne reflétait pas le travail acharné et le dévouement. Ce fut un voyage difficile, mais la passion pour la lutte et les liens entre les lutteurs nous ont permis de continuer, même face aux contraintes financières.

Dans la lutte professionnelle, les revenus variaient, certains gagnant 50 dollars ou moins par match. Le promoteur distribuait discrètement des paiements individuels, ce qui en faisait une affaire privée. Malgré les potentielles disparités salariales, nous n'avons jamais discuté de qui gagnait combien, car cela était considéré comme tabou dans le monde de la lutte.

Parfois, j'ai l'impression que les lutteurs ne sont rien de moins que des acteurs car nous étions aussi censés jouer certains rôles et rester dans ce personnage tout au long de nos shows. Maintenir le numéro était essentiel, même en dehors de la scène. Même si les bons et les méchants voyageaient dans la même voiture, lorsque nous atteignions la ville, nous nous séparions. Les « talons » (méchants) se couvraient le visage pour maintenir la tradition de séparer les bons et les méchants. Cet engagement envers les traditions du monde de la lutte s'est étendu au-delà du ring, soulignant l'importance de rester dans son caractère et de préserver l'illusion des rivalités. Il s'agissait d'une entente silencieuse entre les lutteurs, renforçant la conviction que tant sur le ring qu'en dehors, les frontières entre héros et méchants devaient rester distinctes. Cela a contribué à la mystique de la lutte professionnelle.

Nous devions nous cacher lorsque nous atteignions l'auditorium ou le gymnase, et nous entrions séparément comme si nous n'étions pas ensemble cinq minutes auparavant. Nous avons travaillé très dur pour que ce secret de l'entreprise soit protégé à tout prix. Le terme utilisé pour désigner cet acte était « Kayfabe », ce qui signifie « être faux ».

Dans la lutte professionnelle, le « kayfabe » était notre principe directeur : l’art de maintenir l’illusion que la lutte était réelle. La séparation entre les gentils (visages de bébé) et les méchants (talons) était essentielle au succès de la série. Cet engagement envers la tradition était nécessaire, surtout à l'époque où le public croyait que la lutte était authentique et non mise en scène, comme ils le comprennent aujourd'hui.

Je garde un bon souvenir d'un match avec lequel j'ai travaillé avec T.C. Reynolds, où j'ai joué le rôle d'assassin irakien contre son personnage de patriote américain. Le match a d'abord été annulé à cause de la neige, mais une fois reporté, TC a gagné. Lors d'une attaque planifiée après le match, je devais le frapper avec mon drapeau irakien. TC a insisté pour que je le frappe fort pour plus d'authenticité. La foule, croyant au scénario, s'est déchaînée lorsque je lui ai donné un coup violent, lui laissant une marque diagonale dans le dos.

La réaction du public a été intense. J’ai dû me frayer un chemin pour sortir du ring et m’échapper vers le vestiaire. Le promoteur bouleversé a rapidement organisé deux shérifs adjoints pour m'escorter pour des raisons de sécurité. La foule, bien que favorable à mon caractère, était véritablement furieuse face à l'attaque du drapeau. Ce fut une expérience unique où j'ai découvert le pouvoir de la narration dans la lutte et l'investissement émotionnel du public.

Être un talon, le «méchant», était plus agréable pour moi car cela apportait toujours de l'excitation. Remuer la foule, déclencher des réactions et dire des choses pour l'énerver ajoutaient un aspect dynamique à la performance. Cependant, cet incident particulier l'a amené à un autre niveau, car le public s'est indigné. Même si le promoteur a apprécié la réaction de la foule, il était sincèrement préoccupé par ma sécurité, ce qui a conduit à mon escorte par des shérifs adjoints hors de la ville.

L'intensité de la réaction du public, la chaleur que j'ai générée, témoignent du succès de la représentation. Pourtant, cela s'est fait au détriment de ma sécurité, révélant la fine ligne que les lutteurs marchaient entre le divertissement et le risque personnel. C'était un indicateur clair qu'en tant que méchant, j'avais fait un travail efficace si la foule croyait que les événements étaient réels. Malgré les dangers, cela a mis en évidence la nature immersive de la lutte professionnelle, où l'investissement émotionnel du public dépassait la nature scénarisée des matchs.

Alors que je me douchais et m'habillais rapidement, les shérifs m'ont fait sortir de la ville. L'adrénaline, mélangée au véritable souci de mon bien-être, en a fait une expérience mémorable et quelque peu pénible. C'était un rappel brutal que l'engagement en faveur du kayfabe avait parfois des conséquences tangibles. Rétrospectivement, l'incident reste un chapitre marquant de mon parcours de lutte. Il reflète la dynamique unique entre les interprètes et le public, où l'illusion de la réalité est soigneusement entretenue. Cela peut créer un spectacle exaltant qui peut parfois déborder des limites du ring. La passion, tant de la part des artistes que du public, a fait de la lutte professionnelle une forme de divertissement durable et remarquable.

Le promoteur de nos émissions semblait pouvoir jouer dans Les Sopranos, comme s'il possédait une chaîne de pizzerias autour de Youngstown, Ohio. Il a toujours apprécié mon truc du Moyen-Orient, le reconnaissant comme un élément convaincant pour le public. Cependant, malgré son enthousiasme, il y avait une réelle préoccupation pour ma sécurité après un match particulièrement intense avec Tommy ce soir-là.

Les frontières floues entre fiction et réalité étaient évidentes puisque le public, pleinement investi dans le scénario, était prêt à enfoncer les portes pour atteindre le vestiaire où je me trouvais. Malgré le chaos contrôlé sur le ring, la camaraderie entre les lutteurs est restée forte. Une fois hors de la ville et loin du public fervent, nous nous regroupions, partageant des repas et riant les uns avec les autres.

***

Ma carrière de lutteur s'est avérée assez aventureuse pour moi car j'ai également eu la chance de jouer dans plusieurs films en supplément. Lors d'un spectacle à Pittsburgh, j'étais dans un bar appelé Harris Grill. Il était géré par une famille grecque et c'était le même endroit où j'ai rencontré ma seconde épouse. Une tournure inattendue des événements lors d'une tournée m'a conduit dans le monde du théâtre. Un barman travaillant dans la salle où nous avons joué était associé à l'agence de casting Nancy Mosser ; il était connu pour lancer des figurants dans des films. Intriguée par l'idée, elle m'a organisé une interview, compte tenu de mon parcours unique en lutte professionnelle.

Cette opportunité m'a ouvert les portes de plusieurs films, dont « Le Silence des agneaux ». Au départ, il y avait une chance pour un rôle plus visible au sein de l'équipe SWAT, mais un conflit est apparu à propos de mes longs cheveux blonds décolorés. Les producteurs voulaient que je le coupe par souci d'authenticité, même si le rôle ne comportait aucune réplique ni éligibilité à une carte de la Screen Actors Guild (SAG). Ne voulant pas compromettre mon truc de lutte, j'ai refusé, ce qui a conduit à une scène moins importante avec Jodie Foster dans un aéroport de Pittsburgh où je me tenais dans un coin.

La situation s'est répétée dans « Lorenzo's Oil », où j'ai obtenu un rôle plus visible en supplément. Cependant, le conflit autour de mon apparence s'est produit à nouveau dans "Dead and Alive: The Race for Gus Farace", mettant en vedette des stars comme Tony Danza et un acteur montant nommé Samuel L. Jackson. Je n'étais pas d'accord avec ce que les producteurs voulaient que je fasse avec mes cheveux.

Au cours du même voyage, lors d'une rencontre mémorable avec Samuel L. Jackson lors d'une pause repas, il a exprimé son mépris pour la nourriture du traiteur, la qualifiant de « merde MFN ». Jouant le rôle d'un malin, j'ai suggéré que nous allions dans sa caravane pour une meilleure nourriture, suscitant les rires des autres figurants. Bien que Jackson m'ait lancé un regard sévère, il s'est éloigné sans répondre. Je ne savais pas qu'il deviendrait un acteur très recherché dans les années à venir. Même si j'ai eu pas mal de défis au cours de ma carrière de lutteur, ce fut un voyage amusant. Dans une phase de ma vie marquée par des expériences diverses, mon implication dans la lutte professionnelle s'est mêlée à des aventures inattendues dans le métier d'acteur et de mannequin. Ce voyage aux multiples facettes s'est déroulé au cours d'une période dynamique à Pittsburgh, où les productions cinématographiques prospéraient et où les opportunités semblaient illimitées.

Initialement en transition de la vie militaire à la vie civile, je me suis retrouvé à conduire un taxi portant le numéro distinctif 225, connu des auditeurs de l'émission de radio nocturne de Ron Chavis. Cette exposition inattendue est devenue une forme unique de promotion, fournissant une impulsion agréable à mes efforts. Alors que la lutte occupait mes week-ends, conduire un taxi me soutenait pendant la semaine, m'offrant une stabilité financière.

Dans cette phase dynamique, j'ai suivi une école d'enquête privée, dévoilant une diversité de métiers. Mes journées étaient un tourbillon de matchs de catch, de rôles au cinéma et de missions de mannequin. J'ai saisi chaque opportunité, savourant le frisson de vivre les rêves conçus pendant mon adolescence. Cette période, excluant mon second mariage, m'a offert une existence insouciante où les tensions de la vie de famille ne s'étaient pas encore matérialisées.

Au milieu de l'excitation, je me suis plongé dans un match de lutte, racontant des incidents qui ont souligné les risques inhérents à ce sport physiquement exigeant. Un match en particulier dans le nord de l'État de New York m'a laissé un souvenir flou après un geste potentiellement dangereux. Malgré la somnolence, le spectacle a continué, illustrant la détermination pleine d'adrénaline qui caractérisait les performances live. Cependant, le summum du risque s'est révélé lors d'un match à Batavia, dans l'État de New York, avec Larry Winters. Je développerai cet incident plus tard dans le chapitre. Malgré la douleur, le match s'est terminé, mais il a marqué un tournant. Le nombre cumulé de commotions cérébrales et de blessures a atteint un point critique, ce qui a suscité l'inquiétude de mon médecin. Face à une décision cruciale, j'ai dû reconnaître les conséquences physiques de ma carrière de lutteur. Les risques inhérents, des commotions cérébrales aux côtes cassées, étaient indéniables.

Même si j'avais subi une blessure grave et que ma deuxième épouse, mon médecin et mon promoteur voulaient que je raccourcisse la tournée, j'ai nié. Je suis retourné sur le ring et j'ai combattu dans un match par équipe. Il y avait un gentleman lutteur, Muhammad Abdullah, qui était originaire du Soudan et vivait dans le nord de Pittsburgh. Il était comme un frère pour moi et c'est un match contre lui qui a entraîné de graves blessures.

Pendant le match, il m'a jeté dans un tendeur et m'a chargé ; il m'a accidentellement touché les côtes et nous les avons tous les deux entendus craquer. Il s'est senti très mal dès qu'il a fait le mouvement, car il pouvait voir que j'étais incapable de respirer après cela. Mon partenaire par équipe est ensuite entré et a terminé le match à ma place, car je ne pouvais pas continuer à cause de mes blessures.

Je me souviens que lorsque mes doigts ont été luxés, l'arbitre, avec un œil d'aigle, est venu à ma surprise pour m'aider à les remettre en place. Pour une raison quelconque, je partageais un lien étrange avec lui. Si je jouais « baby face » dans un match, il soutiendrait le « heel guy » et vice versa. C'était un arbitre assez expérimenté et il m'a beaucoup appris tout au long de ma carrière de lutteur.

En réfléchissant à ces incidents, j'ai reconnu le contraste entre la lutte professionnelle et les mythes qui ont suivi. Il est souvent qualifié de « faux » en raison de sa nature scénarisée, mais il reste indéniablement épuisant et physiquement exigeant. L'histoire résume le paradoxe d'une industrie qui combine athlétisme et sens du spectacle, où les artistes naviguent dans un équilibre délicat entre divertissement et risque physique réel.

Un autre incident qui m'a marqué est celui de la légende vivante Larry Winters. Cela a donné lieu à un tourbillon de spectacles de lutte, avec cinq événements répartis en quatre jours intenses. La tournée a commencé un jeudi soir, suivi du vendredi soir, du samedi après-midi et du samedi soir, qui s'est terminée par un spectacle le dimanche après-midi. Des programmes aussi rigoureux étaient courants sur le circuit de lutte indépendante, exigeant une résilience physique et un engagement sans faille envers le métier.

L'incident spécifique qui reste gravé dans ma mémoire s'est produit à Batavia, dans l'État de New York, au cours de cette tournée. Les spectacles de lutte étaient stratégiquement programmés, combinant des performances en début d'après-midi et en soirée : un format qui testait les limites de l'endurance physique. Malgré les défis, nous, en tant que lutteurs professionnels, avons profité de l'opportunité de montrer nos compétences et de divertir le public.

Le point central de cette tournée a été le match mémorable avec Larry Winters, où une insistance malheureuse pour exécuter un piledriver est devenue un moment charnière dans ma carrière de lutteur. Larry avait des réserves quant aux dangers potentiels de cette décision, exprimant sa réticence à procéder. Cependant, motivé par ma détermination et peut-être sous-estimant les risques, je l'ai exhorté à persévérer. Ce match spécifique n'était pas seulement une partie ordinaire de la tournée mais un point culminant d'événements menant à un moment déterminant. À la base, la lutte implique des risques calculés, et ces risques peuvent parfois entraîner des blessures. Dans ce cas, les répercussions ont été sévères, laissant une partie de mon cuir chevelu exposée à cause du piledriver. Des côtes cassées suite à un mouvement mal exécuté ont provoqué la luxation de mes doigts, ainsi que d'autres blessures. Cela a dressé un tableau frappant des exigences physiques requises par l'anneau.

Les rigueurs de la tournée se sont poursuivies malgré les conséquences physiques. En effet, les lutteurs se retrouvent souvent pris entre la détermination alimentée par l'adrénaline à divertir le public et les tensions indéniables exercées sur leur corps. Ainsi, alors que je faisais face aux conséquences de l'incident du Piledriver, le spectacle a persisté. Il n'y a pas eu de cérémonie de retraite ni de chance de faire ses adieux selon mes conditions.

Un lutteur imagine souvent une grande sortie, un match de retraite ou un adieu cérémonieux, un luxe qui m'échappait. La lutte, une profession qui résume les hauts du triomphe et les bas des blessures, exigeait que je me confronte à la réalité d'un départ imprévu.

Malgré la fin brutale de ma carrière de lutteur, la reconnaissance et l'appréciation ont suivi. L'intronisation au Temple de la renommée de la Fédération de lutte des États-Unis a validé l'impact de mes contributions. Cette reconnaissance s'est étendue au-delà du ring alors que je m'engageais auprès de la communauté. Les conférences dans les clubs garçons et filles, les visites à l'hôpital pour inspirer les enfants et les événements promotionnels sont devenus partie intégrante de mon rôle de champion.

Être porte-parole de la Fédération américaine de lutte allait au-delà des performances sur le ring. Cela impliquait des promotions à la radio, des apparitions à la télévision et un engagement communautaire. La responsabilité de maintenir la tradition et de promouvoir l'organisation incombait au champion, offrant ainsi l'occasion d'inspirer et de motiver par diverses voies. La phase d'après-lutte a vu une boucle bouclée alors que je suis passé à des discours de motivation et de mentorat, en me concentrant principalement sur les jeunes. L'impact sur les enfants lors des visites au Club Garçons et Filles a illustré la profonde influence que les lutteurs peuvent avoir au-delà des limites du ring. La lutte, souvent considérée à tort comme un divertissement scénarisé, devient une puissante plateforme permettant aux mentors et aux motivateurs de se connecter avec des esprits impressionnables.

Chapitre 4 : Perdre une partie de mon âme

Je me souviens que j'ai eu une grave commotion cérébrale lors de mon match de lutte à Batavia, New York. À mon retour au domicile familial à Alexandria, en Virginie, j'ai décidé de discuter de mes blessures avec mon médecin. Il était au courant de mes antécédents de commotions cérébrales et du fait que j'étais un lutteur professionnel. Il m'a mis en garde contre la lutte plus longtemps, surtout après avoir subi de multiples secousses.

Mon médecin m'a expliqué qu'une autre commotion cérébrale grave aurait pu être mortelle ou provoquer un traumatisme crânien. Compte tenu des risques, il s'est senti obligé de me conseiller de ne plus lutter. J'ai pris conscience de la gravité de la situation après l'avoir entendu parler. Malgré ce conseil, j'ai lutté lors d'un dernier show dans le comté de Sullivan, à New York.

J'ai décidé de me retirer tranquillement sans le dire à personne après ce match. J'ai serré la main de tout le monde, j'ai laissé le monde de la lutte derrière moi et je suis retourné en Virginie pour prendre soin de ma famille et de ma santé parce que je ne voulais plus risquer de me blesser.

J'ai assisté à un autre spectacle de lutte à New York malgré les avertissements de mon médecin sur les dangers de poursuivre ce sport en raison des commotions cérébrales. Je m'étais déjà engagé dans l'événement, alors j'ai pris le risque ; cependant, après ce spectacle, j'ai senti qu'il était temps d'arrêter. Ma femme et le promoteur faisaient partie de ceux qui étaient déçus qu'il n'y ait pas de cérémonie officielle pour marquer ma retraite. Ma femme s'inquiétait des conséquences potentielles sur notre famille si je souffrais d'une autre commotion cérébrale ; par conséquent, ils étaient tous inquiets pour ma sécurité. Il a été difficile pour moi de me retirer de la lutte professionnelle parce que l'excitation de la compétition me manquait. Il était impossible de décrire la sensation d'entendre la foule réagir ou franchir la porte avec ma musique. Leurs applaudissements et leurs quolibets m'ont donné une bouffée d'enthousiasme et l'énergie que j'ai tirée de leur adoration m'a vraiment manqué.

Abandonner la lutte m'a amené à négliger mon bien-être physique. J'ai arrêté de faire de l'exercice, j'ai pris du poids et j'ai trop bu ; ce fut une période physiquement et émotionnellement éprouvante pour moi. J'étais contrarié de ne pas pouvoir prendre ma retraite de mon plein gré ; c'était plutôt à cause d'événements indépendants de ma volonté.

Cependant, après avoir arrêté le catch, ma carrière dans la sécurité a décollé, ce qui m'a réconforté. J'ai pu avancer et m'adapter aux changements de ma vie malgré les défis. Même si le frisson du ring me manquait, j'étais satisfait dans d'autres domaines de mon travail car je me débrouillais bien.

Je suis heureux d'avoir créé de beaux souvenirs tout au long de ma carrière que je chérirai pour le reste de ma vie. Je me souviens de la fois où j'ai lutté à la Civic Arena de Pittsburgh devant 10 000 fans ; ce fut une expérience exaltante.

C'était excitant de lutter devant un large public, d'autant plus que beaucoup de mes amis étaient également là pour regarder le spectacle. Nous savions déjà que nous allions perdre le match parce que c'était prévu, mais cela n'a pas diminué l'émotion. Nous avons affronté la légendaire équipe, le Midnight Express original. J'avais l'air bien avec mon partenaire, Dante DiNucci, mais mes amis culturistes ne comprenaient pas pourquoi nous devions perdre contre eux. Ils ignoraient que ces performances étaient scénarisées. Le promoteur et le booker décideraient qui gagnerait le match, et nous étions seulement informés. A cette époque, la National Wrestling Alliance est devenue la WCW et était assez connue.

Elle était en compétition avec le WWF, qui deviendra plus tard la WWE. C'était une émission de la NWA à laquelle je participais, mais il y avait beaucoup de grands noms, comme Lex Luger et Ric Flair, à la WCW.

Cette soirée à la Civic Arena a été l'un des moments forts de ma carrière de lutteur, même si j'ai été déçu de perdre. L'énergie de la foule était incroyable, surtout dans l'arène bondée de 10 000 personnes. C'était assourdissant ! C'était une émotion incroyable de se produire devant un public aussi nombreux et de ressentir son enthousiasme. Ce genre d'occasions vaut la peine de tous les efforts et de tous les sacrifices.

En plus de la lutte, j'ai eu l'occasion de faire une tournée dans le Midwest pour quatre concerts avec le groupe Steppenwolf. Dans les foires de comté, ils nous regardaient lutter l'après-midi et nous les regardions (Steppenwolf) jouer leur concert le soir. C'était fantastique ! Ma carrière de lutteur m'a donné tellement de raisons d'être reconnaissant.

Abandonner la lutte, c'était certainement comme perdre une partie de mon âme. Après avoir consacré 16 ans à la lutte professionnelle – j'ai même quitté l'Air Force en 1986 pour m'y consacrer – je me suis senti incroyablement déçu. La lutte était ma passion, même si j'aurais pu continuer dans l'armée et avoir un plan de retraite. Ce fut un coup dur de quitter la lutte, même si je suis ensuite revenu brièvement dans l'armée.

J'ai apprécié tous les aspects de la lutte, y compris les voyages, les relations entre amis avec les gars et même les discours inspirants prononcés dans les clubs garçons et filles. Même si c'était gratifiant de représenter ce sport, j'ai toujours pensé que j'aurais pu toucher un public plus large si les médias sociaux avaient été disponibles. J'aurais eu davantage accès à une plateforme plus grande si les médias sociaux avaient existé à l'époque. Malgré mes efforts, je n'ai pas bénéficié de la visibilité que j'aurais pu avoir dans le monde d'aujourd'hui. N'avoir personne à qui parler de cette déception rendait la situation encore plus difficile à gérer.

J'ai pris conscience de changements en moi après avoir abandonné la lutte. Ma consommation d'alcool déjà abondante s'est encore aggravée et j'ai pris du poids. Je n'étais en colère contre personne en particulier ; J'étais juste déçu de la situation dans laquelle je me trouvais. Je me sentais impuissant parce que les choses en étaient arrivées à un point où un médecin devait intervenir.

***

En 2000, alors que j'étais dans la région de Washington DC, j'ai reçu un appel d'une société appelée Potomac Group basée à Alexandria, en Virginie. Ils m'ont demandé d'assurer la sécurité d'un lieu de travail dans le sud de la Virginie. Il s'est avéré que l'entreprise était sur le point de fermer ses portes et j'ai été chargé de protéger le vice-président, qui devait annoncer la nouvelle. J'ai fait du bon travail et la nouvelle de mes capacités s'est rapidement répandue.

Bientôt, j'ai gagné un surnom : « le roi des fermetures point com ». Vous voyez, l'industrie Internet était en train de s'effondrer à cette époque et de nombreuses entreprises de haute technologie quittaient le secteur. J'étais appelé pour superviser les fermetures, en veillant à ce qu'elles se déroulent sans problème et en toute sécurité. Mon expérience militaire et ma discipline m'ont aidé à exceller dans ce rôle.

Ma réputation de travail méticuleux et minutieux s'est développée à mesure que les demandes de fermetures se multipliaient. Les gens ont commencé à me recommander pour des missions de sécurité parce qu'ils pouvaient faire confiance à mon expérience. Ma carrière dans le secteur de la sécurité de la région de Washington a commencé grâce à cela. Finalement, j'ai commencé à voyager à l'international pour le travail et j'avais déjà visité 40 pays. Cependant, à mesure que je devenais plus connu dans le secteur de la sécurité, j'ai découvert que je voyageais encore plus. J'ai commencé à assurer la sécurité d'événements internationaux comme les Jeux olympiques, ce qui m'a obligé à voyager dans de nombreux pays. À l'heure actuelle, je suppose que j'ai visité 136 pays et, à mon avis, l'Afrique du Sud est certainement l'un des meilleurs endroits pour voyager. Le Cap fait partie de mes cinq villes préférées au monde : New York, Rio De Janeiro, Melbourne et Bangkok.

J'ai développé une carrière prospère dans le domaine de la sécurité en étant engagé et professionnel, ce qui m'a aidé à gagner le respect et la confiance de mes collègues. J'ai excellé dans ce domaine en raison de la discipline et du souci du détail que ma formation militaire m'a apporté. Même s'il m'a été difficile de quitter la lutte professionnelle, cela m'a aidé à réussir ma carrière dans la sécurité.

C'est vrai qu'au départ, j'ai été dévasté par ma décision de me retirer de la lutte ; cependant, avec le temps, j'ai fait la paix avec cela. J'ai réalisé que rien dans cette vie n'est permanent et que nous devons accepter cette réalité. La vie ne s'arrête pas et continue quoi qu'il arrive ; nous devons apprendre à vivre avec. Il y a toujours de la lumière au bout du tunnel, nous ne devrions donc jamais perdre espoir dans les moments difficiles.

Chapitre 5 : Paternité

L'un des aspects les plus gratifiants de cette vie est la paternité. Voir vos enfants devenir des individus prometteurs et talentueux est une joie inégalée. Voir leurs premiers pas, entendre leurs premiers mots et voir leur personnalité unique s'épanouir sont des moments qui resteront gravés dans votre mémoire. C'est vraiment une bénédiction dont j'ai eu la chance de bénéficier. Mes trois enfants sont la lumière de ma vie et je peux facilement sacrifier ma vie pour eux.

Ma belle première-née, Tasha Nycole Alli, est issue de ma première épouse, Vielka Johnson. Vielka et moi nous sommes mariés très jeunes. Elle avait 18 ans et j'en avais 21, et nous pensions tout connaître du monde. Notre décision nous a semblé la plus sensée car nous étions deux jeunes amoureux.

Salli Sy Alli Jr., mon père, n'aimait pas cette idée. Il a essayé de me faire voir les choses dans une perspective à long terme et m'a conseillé de ne pas précipiter une décision aussi cruciale. Il a essayé d'expliquer à quel point nous étions tous les deux jeunes et que nous devions nous explorer davantage à cet âge. Cependant, à cet âge-là, nous étions assez immatures et nous acceptions ce qui nous semblait juste. Mon père, Dieu, repose son âme. Même après avoir été en désaccord au début, il a compris notre décision et nous a accordé ses bénédictions.

En 1982, Vielka et moi nous sommes mariés chez un juge de paix à Minot, dans le Dakota du Nord. Il n'y avait pas d'église, pas de grand dîner de mariage, pas de discours, juste deux personnes ayant pris la décision de passer leur vie ensemble. Au début, tout semblait heureux et nous vivions principalement en Allemagne puisque j'y étais déployé. En 1984, notre belle fille Tasha est née. L'hôpital de la base aérienne de Hahn manquait de lits et nous avions besoin du soutien de notre famille, étant donné que j'étais en service pour une mission qui durait plus d'un mois. Ses parents étaient en Californie et nous avons réservé en urgence un vol là-bas. C'était une bonne décision car ses parents l'ont aidée au moment de la naissance de Tasha, même si me séparer de mon partenaire à un moment aussi chargé en émotions a été assez difficile pour moi.

Dès la fin de ma mission, je me suis envolé pour la Californie. J'avais hâte de tenir mon précieux ange et d'être près de mon partenaire. Je suis immédiatement tombé amoureux de Tasha. Elle avait le visage d'un bébé poupée égyptienne avec de grands yeux de biche. J'étais heureux au-delà de toute comparaison. Ses traits légèrement arabes et son visage angélique me tenaient le cœur en main. Les émotions que j'ai ressenties à la naissance de mes enfants ne peuvent être comparées à aucun autre sentiment. Vraiment, la paternité est une bénédiction.

Après la naissance de Tasha, j'ai quitté l'armée pour poursuivre une carrière de lutte et devenir lutteuse professionnelle. C'est là que Veilka et moi avons eu notre désaccord. Elle voulait que je reste dans l'armée car j'avais un brillant avenir devant moi. J'ai gravi les échelons avec succès et j'étais très respecté en tant que superviseur et mentor. Cependant, mon penchant pour la lutte était trop fort et en 1987, Veilka et moi avons séparé nos chemins.

C'était une période difficile de la vie. J'avais perdu mon partenaire et, forcément, ma fille aussi. Le rôle de père que j'aurais pu jouer en étant là pour Tasha, je n'y suis pas parvenu. Heureusement, mon lien avec ma fille est resté fort au fil des années. Le mérite de ce lien fort revient également à Veilka, qui a bien élevé notre fille et m'a toujours gardé dans la vie de Tasha, surtout à un plus jeune âge. En y repensant, Veilka et moi rions de la décision que nous avons prise à un si jeune âge. Nous étions tous les deux immatures, mais elle était nettement plus mature que moi, même à l'époque. Je fais partie de ces chanceux qui entretiennent des relations cordiales avec leurs anciens partenaires. Il n'y a aucune animosité entre nous. À Veilka, je souhaiterai toujours réussite et bonheur pour la merveilleuse humaine qu'elle est.

Parfois, la vie a une façon de nous enseigner de nouvelles leçons dont, sur le moment, nous sommes incapables de saisir l'énormité. Nous ressentons du ressentiment et nous remettons en question, mais avec le temps, nous comprenons que nous traversons diverses situations uniquement pour atteindre un endroit meilleur, ce qui est un cadeau de la vie. Il est également toujours important de se rappeler qu'aucune destination dans la vie n'est la destination finale. La vie continue et vous devriez l'accepter.

La leçon que j'ai tirée de mon premier mariage est que lorsqu'on est jeune et immature, on a aussi tendance à être égoïste. Cela arrive à tout le monde, mais ce qui compte est de surmonter cette tendance et de s'efforcer de devenir une meilleure version de soi-même. Dans mon cas, cela a pris un peu plus de temps, mais cela n'a fait que contribuer à faire de moi la personne que je suis maintenant.

Le 3rd En septembre 1994, j'ai épousé ma deuxième épouse, Alicia George. C'était une femme à succès qui travaillait comme responsable des journaux télévisés et j'étais amoureux d'elle. Alicia et moi avons eu deux beaux enfants ensemble. Samaria Hope Alli, que nous appelions Sammie, est née le 30ème de janvier 1996, et son petit frère, Sy Salli Alli le Quatrième, est venu au monde le 11 octobre 2000.

En raison de mon déploiement, j'ai raté la naissance de Tasha à ce moment-là, mais avec Sammie et Sy, j'ai pu assister au miracle de la naissance de votre enfant. Aucun mot ne pourra jamais résumer le sentiment de voir votre enfant naître et de réaliser que vous êtes maintenant parent. Des événements comme ceux-ci ont un impact durable sur votre cœur et votre esprit et modifient complètement votre vie.

Comme Alicia travaillait à la télévision, j'ai essayé de limiter mes déplacements à la lutte professionnelle car nous avions la petite Sammie avec nous. Elle avait besoin de ses parents, et sans les deux, l'enfant aurait été complètement négligée. J'avais des offres pour des tournées partout dans le monde, mais cela ne me convenait pas de laisser l'entière responsabilité de notre enfant à ma femme, surtout lorsqu'elle travaillait également à temps plein.

Ainsi, après 16 ans de lutte professionnelle, je l'ai quitté et j'ai commencé à travailler dans l'industrie de la sécurité. J'étais complètement brisé. La lutte était mon rêve et ma passion. Malheureusement, j'ai dû laisser tomber et ces changements traumatisants ont commencé à donner le ton à mon deuxième mariage. Pour m'évader, je me suis noyé dans le travail.

Je voulais être présent; Je voulais être là avec ma famille, ma femme et mes enfants, mais je ne pouvais pas. Pendant mes quelques années de travail dans le secteur de la sécurité, j'étais sur la route 250 jours par an, ce qui représente une période de temps considérable loin de vos proches. Vos proches ne méritent pas votre absence. En tant que partenaire et parent, vous devez toujours les prioriser et apprécier leur présence.

Cependant, Alicia était une femme patiente et elle n'a pas abandonné notre mariage. Cependant, notre relation a vraiment touché le fond lorsque je me suis retiré. Après la mort de mon père en 2005, et un peu plus tard de celle de mon beau-père, j'étais complètement affligée et perdue. Je me suis plongé dans le travail et les voyages. Je me suis éloigné de plus en plus de ma famille et, au lieu de chercher conseil, je suis devenu plus rigide dans mes manières. Je n'ai pas demandé d'aide. Je n'avais pas confiance en mon partenaire et en mon mariage alors que j'aurais dû faire exactement cela. Partager votre bonheur et vos griefs dans un mariage est très important, je le crois maintenant, car cela permet à la confiance et à la camaraderie de circuler dans votre relation, et les deux partenaires se sentent inclus dans la vie de l'autre.

Et c'est ainsi que la dépression a pris le dessus sur moi. J'ai passé des mois sur la route, loin de la vie de tous, et j'ai finalement dû en assumer les conséquences. En 2014, Alicia et moi nous sommes séparés. Nous avons été mariés pendant 20 ans et avons été impliqués pendant six ans auparavant. Connaître une personne pendant 26 ans et ensuite la perdre… la douleur était incompréhensible et je ne savais pas comment fonctionner.

Faire son deuil quand on ne sait pas comment le faire est la partie la plus difficile de la vie. Vous vous réveillez et vous sentez un fardeau sur votre âme, mais vous êtes incapable de vous soulager. En 2015, j'ai cédé à la faiblesse et j'ai tenté de mettre fin à mes jours. Cependant, dans des moments comme ceux-ci, il ne faut jamais oublier qu'il y a toujours un été chaud après un hiver rigoureux. Vous devez toujours rechercher des conseils et des conseils afin de ne pas mener vos batailles seul comme j'ai essayé de le faire.

Alicia était une femme extraordinaire et ma partenaire pendant très longtemps. Mes propres défauts nous ont séparés. Grâce au résultat de mon mariage, j'ai pu m'auto-analyser et travailler à devenir une meilleure personne. Ce chemin m'a conduit là où je suis aujourd'hui : plus ancré spirituellement.

Mes deux mariages m'ont apporté la bénédiction de la paternité. Regarder Tasha, Sammie et Sy me fait rayonner de fierté. Ils ont tous grandi pour devenir des personnes merveilleuses et talentueuses.

Mes anciens partenaires travaillaient sans relâche avec les enfants, même lorsque j'étais occupé par mon travail. Les adultes, tous les trois, ont grandi et le lien d'amour qu'ils partagent remplit mon cœur de joie et de chaleur.

Tasha, qui aura bientôt 40 ans, est elle-même mère de ma petite-fille de 3 ans, Joiee Wray Kenney. Elle et moi partageons un lien père-fille très fort, et ce lien n'a fait que se renforcer à mesure que j'ai mûri avec l'âge.

Samaria, 27 ans, est une professionnelle travaillant dans une compagnie de jets privés en Arizona. Elle travaille dans le service logistique et aime s'aventurer. Elle a hérité de moi ses tendances nomades. Alors que Tasha me ressemble, Samaria est comme moi.

Mon petit garçon, Sy le Quatrième, n'est plus petit non plus. Il a 23 ans et est footballeur professionnel au Mexique. C'est un bel athlète et une âme encore plus belle. Lors de mon divorce avec Alicia, alors que Samaria était occupée à s'installer et à étudier, Sy était seule. Il était profondément blessé et bouleversé. Cependant, même après tout, lui et moi partageons un lien indestructible et je suis incontestablement fier de lui. Là où je me trouve, j'ai trouvé du réconfort et construit une connexion avec Dieu. Je ne m'assois pas et ne déplore pas mon passé. J'ai commis mes erreurs et j'ai appris mes leçons. J'aurais aimé être un père et un partenaire plus présent, mais malheureusement, je ne l'étais pas.

Cependant, j'ai travaillé là-dessus et j'ai essayé d'être là pour mes enfants et de célébrer leur vie. Non seulement j'essaie d'être un meilleur père pour Tasha, mais j'essaie aussi d'être un grand-père extraordinaire pour la petite Joiee.

La clé de la vie est toujours de commencer petit et de passer à de plus grandes choses. Cela promet des changements irréversibles. J'ai fait des pas de bébé; J'ai contrôlé mon habitude de jurer, puis j'ai finalement arrêté complètement. Ensuite, j'ai ciblé mon habitude de boire puis de fumer. À long terme, j'ai vaincu les habitudes que j'attribuais à ma faiblesse et j'ai prouvé à mes enfants que je faisais un effort. Dans la vie, vous devrez faire face à de nombreux moments difficiles et à de nombreux rêves auxquels vous devrez peut-être renoncer. Il est néanmoins important de se rappeler que certains rêves deviennent réalité.

Quand j'étais petit, je rêvais d'être un super-héros, et je l'ai fait. J'ai vécu mon rêve de lutte professionnelle; ce n'était rien de moins que d'être un super-héros. Maintenant que Dieu m'a pris sous son aile, je ne remercierai jamais assez les forces qui ont laissé mon voyage me conduire ici. Je suis beaucoup plus âgé et plus sage maintenant, avec mon cœur en paix. Mes enfants ne comprennent peut-être pas encore ma décision de devenir ministre, mais je sais que Veilka et Alicia l'apprécient. Il est toujours important de suivre son cœur ; le reste suit.

Chapitre 6 : Adieu mon ami

Mon père, Salli Sy Alli Jr., était en partie arabe puisque mon grand-père était originaire du Yémen. Il avait de grands yeux qui pénétraient profondément dans votre âme. Lorsqu'il se mettait en colère, ses grands yeux s'ouvraient grand comme un sergent instructeur. De l'extérieur, mon père était un homme dur avec lequel n'importe qui réfléchirait à deux fois avant de s'en prendre à lui. Cependant, à l'intérieur, c'était un homme doux au cœur tendre.

Il était une figure appréciée de la communauté. Tout le monde adorait mon père. À son époque, il était un basketteur légendaire du lycée, la star de la série. Il était si bon dans son jeu qu'il aurait pu jouer avec les Harlem Globetrotters. Sa performance au jeu par excellence lui a même valu une position héroïque.

Un incident célèbre sur les compétences sportives exceptionnelles de mon père et que j'ai écouté en grandissant, c'est qu'il a tiré sur le buzzer, ce qui a été un moment monumental. Il était alors au lycée et voulait assurer une place à son équipe dans le championnat d'État. Durant mes années de lycée, on m'a toujours dit que je tenais de mon père dans le sport, et maintenant, mon fils, Sy le Quatrième, aussi.

Le rêve de tout enfant est que son père l'accompagne à ses jeux. Mon père bien-aimé a réalisé ce rêve. Il m'accompagnait souvent au basket-ball et jouait avec moi et mes amis. Mes amis l'admiraient profondément et, en même temps, l'adoraient aussi. C'était un homme qui pouvait se faire une place dans le cœur de n'importe qui.

En plus de sa passion pour le basket-ball, il était également connu dans la communauté comme facteur. C'était un homme respecté qui avait des relations avec tout le monde. Son bon cœur l'a rendu populaire et le favori de presque tout le monde. Enfant, j'adorais accompagner mon père le samedi pour aller livrer le courrier.

Le matin, nous allions d'abord à la poste. Là-bas, nous triions le courrier pendant que lui et moi discutions. Ensuite, nous montions dans sa jeep et il partait livrer le courrier partout. C'était un moment amusant. Même après des années, je le garde près de mon cœur. Avec le recul, lorsque j'étais enfant, c'était l'un de ces moments qui ont jeté les bases de ma relation solide avec lui. Quand j'avais environ huit ans, mes parents se sont disputés. Ils ne pouvaient plus travailler ensemble, alors ils se séparèrent. En tant que jeune enfant, je ne comprenais pas ce qui se passait. Je ne comprenais pas pourquoi ma mère ne vivait plus avec nous. Ma sœur et moi avons emménagé avec notre père pendant que notre mère retournait à Pittsburgh.

En grandissant, je n'ai jamais eu aucune forme d'animosité contre ma mère. Elle occupait une place très spéciale dans nos cœurs et nos vies.

Cependant, j'étais confus. Je ne parvenais pas à comprendre le concept du divorce, mais mon père était un homme fort et il nous a soutenu tout au long du processus et après. En tant qu'enfants, vous avez souvent tendance à vous reprocher les turbulences dans la vie de vos parents.

Vous remettez en question leur amour pour vous et la place que vous occupez dans leur vie. Il y a beaucoup de « pourquoi » qui commencent à hanter votre petit esprit, mais mon père était un homme fort. Il a assuré à ma sœur et à moi, de toutes les manières possibles, que nous n'étions pas en faute. Il a accordé une attention particulière aux détails et a veillé à ce que nous ne grandissions pas en nous culpabilisant de quelque manière que ce soit. Il était présent dans nos vies à chaque étape, et ainsi, notre lien avec lui n'a jamais faibli ; il est resté aussi fort que dans notre enfance.

Dans la vie, il y a des moments auxquels on ne s'attend jamais ou du moins qu'on espère ne jamais voir. L'une de ces possibilités pour lesquelles vous priez n'affectera pas votre vie, même si vous voyez des gens autour de vous les traverser. Pour moi, c'était lorsque mon père a reçu un diagnostic de cancer du côlon. Mon monde a été arraché sous mes pieds. J'avais presque l'impression que j'allais perdre pied.

Cependant, dans ces situations complexes, vous devez rester fort. Vous devriez devenir un mur sur lequel les autres peuvent reposer leur tête. Lorsque mon père a reçu un diagnostic de maladie potentiellement mortelle, je me suis ressaisi et j'ai pris sa défense. Je l'emmenais régulièrement à des séances de chimiothérapie pendant que je l'attendais dehors.

Sans aucun doute, c'était une période sombre. Attendre est toujours difficile dans la vie. Cela maintient votre espoir vivant et vous vous concentrez sur l'idée d'un soleil naissant qui illuminera votre vie et vous sortira de l'obscurité. Pour ma part, j'espérais que mon père s'en sortirait pendant que j'attendais dans ces couloirs sombres de l'hôpital. Cependant, je savais que mon père était un homme doté d'une volonté forte et inébranlable et qu'il réussirait ; s'est battu avec toute la puissance qu'il avait, et miraculeusement il l'a fait. Parfois, juste au moment où vous pensez que tout est fini, que vous avez survécu à la tempête et atteint le rivage, vous êtes renvoyé au début. Mon père était en rémission lorsque la tragique nouvelle nous a été annoncée. Nous avons reçu un appel téléphonique des médecins nous informant qu'ils avaient détecté des tumeurs sur son cerveau, ce qui signifie que le cancer s'était malheureusement propagé à son cerveau. Dire que c'était dur serait un euphémisme, mais j'ai quand même gardé espoir.

La gravité de la situation m'est apparue lorsque j'ai entendu le médecin parler avec l'infirmière de mon père et du fait qu'il ne lui restait que six mois à vivre. C'était au poste de l'infirmière et le médecin ne savait pas que j'avais un lien de parenté avec le patient. J'ai été complètement pris au dépourvu. Je savais qu'il était malade, mais je n'ai jamais pensé qu'il lui resterait juste quelques jours.

La vie de mon père a été comptée à rebours. Il était difficile d'accepter que sa vie puisse désormais se mesurer en chiffres. Vous ne vous attendez jamais à la mort de vos proches. Même après leur départ, il faut beaucoup de temps avant d'accepter la réalité la plus dure de la vie.

Il vivait dans un appartement dans l'Ohio. Je me souviens qu'il n'y avait pas d'ascenseur là où il vivait et qu'il arrivait en retard à ses rendez-vous, alors je l'ai porté dans les escaliers sur mon dos. Il était devenu faible et ne pouvait plus naviguer, alors on lui a donné une place dans un foyer de soins personnels. Ce fut l'une des périodes les plus difficiles de ma vie ; Regarder le pilier de force que mon père s'est effondré sous mes yeux m'a complètement dévasté.

Ensuite, je n'avais même pas la foi pour me maintenir à flot. J'intériorisais lentement toute la douleur et je m'éloignais de plus en plus de la vie. À un moment donné en 2005, je travaillais pour la protection de l'archevêque sud-africain Desmond Tutu, et je devais m'éloigner de mon père et je ne savais pas comment le faire. J'avais peur qu'il décède pendant que j'étais en service parce que ses tumeurs se développaient. L'homme fort qu'était mon père, il m'a quand même fait aller travailler et m'a assuré qu'il serait là à mon retour.

Comme un rocher, il était là à mon retour. Je me souviens qu'à la fin du mois de septembre, j'étais assis à son chevet d'hôpital, lisant le journal local et racontant les résultats du football et du baseball. C'était un de nos rituels, et je l'ai vraiment apprécié car je me sentais plus proche et plus connecté à lui.

Ce jour-là, alors que je lisais les partitions, je l'ai regardé et, à ma grande surprise, il était assis. J'étais ravi car son état se dégradait rapidement. Instantanément, il croisa mon regard et sourit lentement. Je me souviens de ce qu'il a dit ensuite parce que cela m'a complètement pris au dépourvu.

Il a dit : « Tu sais, Sy, quand tu mourras, ils devraient exposer tes yeux au Smithsonian. » À cette époque, je pensais que sa maladie avait affecté ses capacités cognitives, mais il m'a expliqué que je prenais pour acquis tous mes voyages à travers le monde et tous les projets de protection de personnes influentes que j'avais gérés.

Il a énuméré tous les grands noms pour lesquels j'avais travaillé, notamment l'ancien vice-président américain Al Gore, l'ancien président russe Mikhaïl Gorbatchev, l'ancien secrétaire d'État Colin Powell, l'archevêque Tutu et bien d'autres. Il a également exprimé à quel point il était étonné que j'aie voyagé dans 136 pays et à quel point cela me rend exceptionnellement chanceux. À ce moment-là, je ne me suis pas rendu compte où il voulait en venir, et je lui ai dit que cela faisait simplement partie de mon travail. Cependant, cela l'a fait dérailler. Il m'a dit que j'étais cavalier et qu'il ne voyait pas à quel point j'avais de la chance ; il a dit: "Sy, tu es béni mais trop stupide pour le savoir." Une chose qui m'a marqué, c'est qu'il a dit que je devrais raconter mes voyages dans un livre, et ainsi, mon père bien-aimé a planté une graine, une semaine avant sa mort, qui est maintenant en train de germer.

***

À cette époque, j'étais marié à mon ex-femme, Alicia, et nous avons décidé de retourner à Pittsburgh pour nous rapprocher de notre famille. Ma mère y vivait toujours, tout comme les parents d'Alicia. Les enfants ont pu voir leurs grands-parents, ce qui était une bonne chose pour eux. Ma sœur nous rendait également fréquemment visite et développait un lien plus fort avec ses nièces et neveux. Mon père n'était qu'à une heure de route, ce qui nous permettait de le rejoindre facilement.

Avoir le soutien de sa famille dans les moments difficiles est une véritable bénédiction. Vous pouvez vous identifier aux expériences de chacun et vous frayer un chemin à travers les turbulences avec quelqu'un à vos côtés. Vous ne vous sentez pas complètement perdu et vous savez qu'il y a toujours quelqu'un qui vous relèvera lorsque vous commencerez à sombrer.

Un à un, le jour est finalement arrivé où mon père est décédé. Ce jour de 2005 est encore frais dans ma mémoire, comme hier. Je l'ai regardé prendre son dernier souffle juste devant mes yeux pendant que je tenais sa main. Je savais qu'il souffrait énormément, qu'il souffrait et que cela ne ferait que le soulager et lui apporter la paix. Pourtant, j'aurais désespérément souhaité qu'il puisse attendre un peu plus longtemps, juste un peu plus de temps.

À l'époque, je ne savais pas comment faire mon deuil. J'avais envie de me confier à quelqu'un et de me laisser aller, mais je ne savais pas comment faire. J'ai essayé de survivre aux jours qui ont suivi sa mort en cachant mes sentiments. Je me suis présenté avec force et je les ai soutenus sans jamais permettre à quiconque de me soutenir en retour. Pour faire face à de telles situations, on s'oriente toujours vers un soulagement instantané. Je me suis mis à boire et je me suis noyé de travail. Au lieu de m'asseoir avec la perte et de la traiter, j'ai essayé de la boire et de l'oublier. Je réfléchissais d'instant en instant et j'avais complètement perdu de vue à quel point cela m'affecterait profondément à long terme.

Pendant la période de deuil, j'ai pris l'habitude d'appeler le numéro de téléphone de mon père. Je savais que personne ne répondrait, mais dans le désespoir, le déni et le désespoir, j'entendais son message vocal encore et encore. Le son de sa voix était mon seul réconfort.

Il y a cinq étapes dans le deuil : le déni, la colère, le marchandage, la dépression et enfin l'acceptation. J'étais dans le déni et plutôt que de franchir les étapes, je me suis complètement enfermé, développant des habitudes malsaines jusqu'à me retrouver dans la dépression. Je n'avais pas de conseiller, je n'avais pas d'aumônier et pour moi, tout seul, l'acceptation ne s'est pas faite avant des années.

Ce n'est que lorsque j'ai trouvé Christ que je suis né de nouveau. Je comprends la réalité inévitable de la vie, c'est-à-dire la mort, et la façon dont il faut toujours y penser et l'accepter. Nos vies ne sont que des points dans ce grand cosmos, et le phénomène de la mort nous oblige à accepter cette réalité.

Après la mort de mon père, pendant la période de mon divorce, je l'ai mieux compris en tant qu'humain. C'était comme s'il m'avait guidé sur la façon de traverser les moments difficiles et de ne jamais lâcher les enfants. À la fin du mariage, les deux partenaires se retrouvent dans des situations vulnérables, occupés par eux-mêmes. Les enfants sont pour la plupart perdus pendant cette période. Mon père ne nous a jamais perdu de vue, moi et ma sœur. Il a répondu à tous nos besoins avant les siens, et ce n'est que sur ses traces que j'ai marché lorsque j'ai traversé la même épreuve. J'ai quand même essayé d'être là pour Tasha, Sammie et Sy.

La perte après la mort d'une personne ne peut jamais être comblée, mais il est important de se rappeler qu'il faut continuer à vivre. Vous devez toujours chérir les défunts et les célébrer à travers leurs souvenirs. Même en tant qu'aumônier aujourd'hui, je dis toujours aux gens de se remémorer les bons souvenirs lorsqu'ils sont en deuil et de les utiliser comme force.

J'honore mon père en repensant aux moments amusants que mon père et moi avons passés et à toutes les leçons qu'il m'a enseignées. Les souvenirs me réchauffent le cœur. Tout ce que j'ai accompli dans la vie, c'est parce que je savais qu'il était toujours là pour me soutenir et m'encourager. C'était un homme extraordinaire et un père brillant – *juste aimé.*

Chapitre 7 : Deuxième grève

Parfois, la vie vous offre plus que ce que vous pouvez demander. J'étais une personne chanceuse car j'avais la chance d'avoir deux paires de parents : mon père bien-aimé, Salli Sy Alli Jr., et ma mère, Joan Ann, mais j'avais aussi mes beaux-parents, le révérend Samuel Williams George et Alethia Wilson George. , qui n'étaient rien de moins que mes parents.

Je partageais une relation très particulière avec mon beau-père. L'appeler mon beau-père ne servirait pas la justice dans notre relation car il me traitait comme un fils. De même, avec ma belle-mère, elle s'est occupée de moi comme la sienne. C'était comme si le Ciel m'avait ouvert ses portes et m'avait béni avec deux groupes incroyables de personnes à appeler parents.

Mon beau-père, papa George, était un pasteur presbytérien. Il est né en 1922 en Sardaigne, en Caroline du Sud, où il a grandi. Dans les années 30 et 40, grandir dans le Sud était difficile à cause de tous les bouleversements politiques et de la guerre en cours.

Au lycée, papa George aimait vraiment le sport et était un grand athlète. Il a joué au football universitaire à l'Université Johnson C. Smith et a été exceptionnel dans ce domaine. Mon fils Sy a hérité des gènes sportifs de ses grands-pères maternels et paternels, c'est pourquoi il est aussi lui-même un athlète exceptionnel.

Cependant, papa George n'a jamais joué au football professionnellement, ce qui pourrait être dû au fait qu'il est allé au séminaire. C'était un fervent chrétien et il avait une façon particulière de voir la vie. Cependant, il était un homme extrêmement tolérant et ne jugeait jamais personne. Il était un véritable homme de Dieu, et cela se reflétait pleinement dans ses actions et opérations quotidiennes. J'ai énormément apprécié sa compagnie. En plus d'être un homme de code et de bonne conduite, il avait également un fantastique sens de l'humour. Il était gentil et compatissant. Sa belle âme n'était qu'un trésor à contempler. Pour les plus jeunes, il était un modèle incontestable, tandis que pour les plus âgés, il était tout simplement une personne exceptionnelle.

***

J'ai rencontré papa George, après sept ans de fréquentation avec sa fille, mon ex-femme, Alicia. J'avais enfin trouvé le courage d'aller leur demander la permission d'épouser leur fille. J'étais intimidé car il était un ministre très respecté à Pittsburgh, mais son attitude envers moi était extrêmement gentille et généreuse et il me traitait avec beaucoup de respect.

Au moment où je l'ai rencontré pour la première fois, il s'était déjà retiré de la prédication active et avait été pasteur émérite de l'église presbytérienne Grace Memorial à Pittsburgh. Il était l'un des principaux ministres de la région et j'ai eu la chance de le voir prêcher à plusieurs reprises. Quelle joie c'était à voir.

Le regarder, c'était comme regarder un homme de Dieu pur et fondé sur des principes. Au fur et à mesure que notre relation s'améliorait, j'ai finalement demandé la main de leur fille, et ils ont dit oui. À partir de là, j'ai eu la chance de vivre une belle relation paternelle avec un homme admirable.

Ces petits détails complexes sur la façon dont une personne se comporte avec les autres sont ce qui fait d'elle un bon humain. Il était respecté de tous, et c'était parce qu'il faisait preuve de la même courtoisie envers les autres. Papa George était un homme très gentil – un véritable joyau. Papa, George et moi avons passé des moments formidables ensemble. Il était toujours accueillant et nous avons toujours trouvé un terrain d'entente.

Lui et moi pouvions rester assis pendant des heures, regarder des matchs de football et en parler. Son équipe préférée était les Steelers ; il les aimait absolument. En plus de jouer à Johnson C. Smith, il y avait également été entraîneur, donc regarder le football avec lui était un régal car il connaissait les X et les O du match.

C'était un homme fort et robuste, ce qui pouvait être attribué en grande partie à sa passion intense pour le sport. Même quand il était plus âgé, il laissait mon fils s'attaquer à lui. Mon ex-femme, Alicia, et moi exprimions souvent nos inquiétudes et disions : « Papa, ne le laisse pas te frapper comme ça », mais il répliquait toujours : « Ce garçon ne va pas me faire de mal.

Dans la vie, on rencontre très peu d'hommes comme papa George. C'était une personne forte physiquement, mentalement et spirituellement, et cela se ressentait dans l'énergie qu'il dégageait lorsqu'il était là. C'était un homme qui vous serrait la main et vous sauriez qui vous aviez devant vous. Je connaissais cette poigne et je me souviendrai toujours de la force de sa main sur mon épaule.

***

Nous n'avons pas toujours vécu à Pittsburgh, mais avant de déménager, Alicia faisait partie de l'Église Grace Memorial et, par conséquent, lorsque nous sommes revenus, toute notre famille est devenue partie de l'Église. Comme papa George y était pasteur, les premier et deuxième rangs étaient réservés aux membres de la famille ; il s'asseyait là avec sa femme, Alicia, et nos enfants.

Même si, à l'époque, je n'avais pas de lien avec le Christ, ou du moins un lien que j'avais accepté, j'ai quand même, avec mes enfants et mon ex-femme, joué un rôle actif dans les services religieux.

Avec le recul, je me rends compte qu'il y a eu une attraction, une influence de l'Église dans ma vie parce que même alors, papa George a vu en moi quelque chose que je ne pouvais pas moi-même. Il me proposait toujours de servir comme liturgiste dans l'Église, quelqu'un qui lisait les annonces et les Écritures jusqu'à ce que le pasteur arrive. Il y a un incident dont je me souviens souvent, et je me demande à quel point il était un homme profondément observateur. C'était un dîner de dimanche et nous étions tous assis ensemble lorsqu'il m'a demandé si j'envisagerais un jour d'aller au séminaire. À ce moment-là, j'ai failli m'étouffer et cracher ma nourriture, et tout le monde, sauf mon beau-père, a ri.

Avec un visage impassible, il a déclaré : « Je vous ai vu lorsque vous vous adressez à l'église, et les gens vous répondent. » Il a continué à me dire qu'il y avait quelque chose dans ma voix qui commanderait dans l'Église et qu'il appréciait la façon dont je me présentais dans l'Église.

Mais à l'époque, je ne l'avais pas pris au sérieux. En termes simples, j'étais un idiot et je n'y ai pas prêté attention. Mais il a dû voir quelque chose très tôt.

C'était un homme de Dieu, et c'était presque comme si ce dont il parlait était une prophétie. À ce moment-là, je n'avais jamais pensé qu'un jour je trouverais le Christ d'une si belle manière.

Pour moi, papa George ressemblait beaucoup au Christ. C'était un être humain compatissant et gentil qui était extraordinaire avec sa famille, ses amis et tout le monde autour.

Lui et ma belle-mère ont été remplis de joie lorsque Sy et Sammie sont nés. C'étaient de belles âmes, et ils acceptaient et aimaient également Tasha, ma fille issue de mon précédent mariage, comme la leur.

Ils faisaient tout leur possible pour être actifs et présents dans la vie de leurs petits-enfants. Ils adoraient les enfants car ils venaient regarder les activités sportives et les matchs de Sy et assistaient également aux récitals de piano de Sammie.

Dans toute ma vie, je n'ai connu que quelques personnes aussi généreuses et gentilles qu'eux. Papa, George et Alethia étaient mariés depuis 57 ans et ils étaient tous deux très orientés vers Dieu. J'ai beaucoup appris d'eux sur les valeurs familiales et sur le soin de leurs proches. J'ai appris d'eux comment garder ma famille en premier parce que je manquais dans ce domaine, mais il ne l'a certainement jamais fait.

***

En 2009, papa George est décédé, quatre ans après le décès de mon père. J'étais déjà dans un état misérable où je continuais à refouler mes émotions et je ne cherchais pas d'aide. Sa mort a été un coup brutal, et j'en ai été complètement bouleversé et choqué. Je ne savais pas comment exprimer ma douleur. Je ne savais pas comment parler de la souffrance. J'ai fait mon deuil d'une manière particulière et dommageable. J'ai vécu la mort de mon beau-père de la même manière que celle de mon père ; Je me suis noyé dans le travail et j'ai continué à boire beaucoup. Le travail me faisait oublier les affaires familiales et les boissons engourdissaient mon âme. Sa mort a été une bombe, et c'est ce qui m'a fait basculer. J'ai essayé de faire mon deuil, mais je ne savais pas comment le faire, alors je me suis éloigné de plus en plus de tout le monde autour de moi, y compris de ma famille. C'est à ce moment-là qu'Alicia et moi avons commencé à avoir des problèmes, et nous ne sommes restés mariés que quelques années après.

L'acceptation ne m'est pas venue facilement lorsque l'un de mes pères est décédé. Si je dois mettre le doigt sur le doigt, c'est lorsque je suis devenu ministre que j'ai pu aborder des choses que je ne pouvais pas aborder à l'époque. Puisqu'il n'y a pas de durée définie pour le deuil, vous ne pouvez pas conseiller à quelqu'un de surmonter quelque chose plus rapidement si vous faites votre deuil plus rapidement. Pour certaines personnes, cela arrive rapidement ; pour certains, cela prend du temps ; et pour certains, l'acceptation pourrait ne jamais venir. L'important est de comprendre et de résoudre le problème et de demander de l'aide.

Mon beau-père était un homme idéal avec un grand cœur et toujours là pour les autres, c'est pourquoi je le célèbre comme le héros qu'il était. Dans His Cross Never Burns, un livre que ma belle-mère a écrit sur la vie de papa George, elle a écrit sur sa nature courageuse et sa bravoure. Je l'ai toujours vu sous un jour héroïque, comme s'il était un homme comme Martin Luther King et Jesse Jackson. Il avait une nature vaillante et une personnalité inébranlable, ce qui est attribué au fait qu'il a beaucoup à dire. Durant le mouvement des droits civiques, il a joué un rôle actif en Floride. Là-bas, il était un militant communautaire et des droits civiques, ce qui lui a valu des menaces à la bombe, et il a dû déménager. Il a également été pasteur d'églises en Caroline du Sud, à Fort Lauderdale et en Floride. Même à Pittsburgh, il a été pasteur au Grace Memorial pendant 20 ans. Toute sa vie, il a rempli pleinement ses devoirs d'être humain. Il était toujours là pour les gens et les aidait à répondre à leurs besoins. Je ne pouvais pas le commémorer comme l'homme de Dieu qu'il était réellement de son vivant parce que je n'avais pas encore découvert ma vocation. Mais maintenant que j'ai emprunté un chemin similaire, je loue l'existence de papa George chaque fois que je pense à Dieu. Ce n'est qu'avec le temps que nous mûrissons et prenons conscience des choses qui se sont passées. Je pense souvent à la relation que lui et moi partagerions si papa George me voyait maintenant, en tant que ministre, sur le chemin de Dieu. Comme je l'ai mentionné, il n'a pas porté de jugement et n'a jamais désapprouvé mon style de vie à l'époque.

Mais le temps est véritablement le plus grand professeur. Il avait vu en moi quelque chose que moi-même, j'étais incapable de voir à l'époque. Sa façon aiguë et observatrice de voir la vie l'a cependant éclairé d'une perle de sagesse inégalée. Chaque fois que je regarde mon fils, Sy, qui est un joueur de football professionnel, je pense qu'il a en lui l'esprit de mon père et de mon père George. Ce n'est qu'en me souvenant des beaux moments que j'ai passés avec lui que je pourrai honorer ses souvenirs. Au cours de sa vie, je savais à quel point j'avais de la chance de le connaître, mais après sa mort, j'ai vraiment réalisé : quel phénomène le révérend Samuel Williams George était, et j'ai eu le privilège et l'honneur de le connaître.

Chapitre 8 : Nouveaux départs

Dans la vie, il n'est pas nécessaire que chaque nouveau départ s'accompagne d'une simple bonne nouvelle. Parfois, il y a des souvenirs du passé qui sont encore profondément ancrés dans votre vie et que vous devez récupérer par vous-même. N'ayez pas peur d'eux. Il peut être douloureux de les arracher, mais les transporter avec vous est encore plus douloureux.

Avant mon divorce en septembre 2014, mon ex-épouse Alicia et moi avons été séparés pendant six mois. C'était une période difficile de la vie. Je ne savais pas quoi penser de ma vie et de ce qu'elle était devenue, mais je n'ai jamais été quelqu'un qui laisserait le poids sur ses épaules les empêcher d'avancer.

Émotionnellement, j'étais dans un état et un endroit terribles ; mon partenaire de longue date et moi avions décidé de nous séparer après avoir eu deux enfants ensemble. De telles décisions ne sont jamais faciles. Les divorces ne sont jamais faciles, non seulement pour les deux personnes directement impliquées, mais aussi pour toutes les personnes qui leur sont liées.

Même avant mon divorce, j'avais quitté Columbus, Ohio, et j'avais déménagé à Denver. Il fallait que je m'éloigne de tout. C'était une décision difficile, mais je l'ai quand même prise. Parfois, ce sont ces décisions qui semblent impossibles sur le moment qui ouvrent de nouvelles portes dans la vie. Vous devez toujours faire attention à ce qui vous attend et vous donner de l'espace pour grandir et explorer.

Quand je suis parti en juin, j'étais plein de regrets. Mon fils était très jeune et il avait besoin de son père. Il n'était qu'en huitième année, alors que ma fille Sammie allait à l'Université Columbia à Chicago. Cependant, une opportunité m’attendait à Denver. On m'a proposé un poste de haut niveau en tant que premier directeur de la sécurité d'entreprise dans l'industrie du cannabis. Ce poste a été pour moi une sorte d’histoire.

Cette opportunité unique m'est venue de Tripp Keeber lorsqu'il m'a appelé et m'a demandé si ce poste m'intéresserait. Il était à l'époque PDG de la société Dixie Brands, mais Tripp et moi y sommes allés il y a longtemps. Nous avons travaillé ensemble en 2000 et 2001. À l’époque, il travaillait pour une société Internet et ils procédaient à de nombreuses fermetures. J'ai été nommé son agent de protection. À partir de là, nous avons parcouru un long chemin.

En septembre, je suis retourné dans l’Ohio pour poursuivre la procédure de divorce. Mon espace libre était complètement détruit à ce moment-là et je n'avais aucune idée de ce que je faisais. Je savais juste que je devais m'éloigner de la situation. Je suis allé au tribunal sans avocat et ça m'a frappé comme un camion. Cela m'a laissé dans un état terrible ; J'étais complètement détruit financièrement.

Je ne savais pas vers qui me tourner ni vers qui appeler. À l’époque, je n’étais pas très religieux, alors je me plongeais entièrement dans la boisson et le travail. Mes mécanismes d’adaptation m’ont maintenu à flot jusqu’à ce qu’ils ne le puissent plus lorsque j’ai mis une arme dans ma bouche. C’est alors que j’ai complètement réévalué ma vie.

Cependant, les choses ne changent pas du jour au lendemain. Il y a de longues phases dans la vie que vous devez passer simplement à vous maintenir à flot, à aller là où les vagues vous mènent. Le divorce a eu un impact financier majeur sur moi. J'étais au plus bas, mais les conséquences sur ma santé mentale et physique étaient incomparables. Mon nouveau travail comportait de nombreuses responsabilités et, d'une manière qui s'est avérée en ma faveur, dans les moments les plus difficiles, je pouvais me perdre complètement dans le travail et pendant de très longues heures, je ne savais pas où passait le temps. Mais ce sont les nuits qui étaient les plus dures. J'étais seul; Je n'avais personne à cette époque, pas même Dieu. J'avais l'habitude de pleurer sans cesse et de vivre des dépressions émotionnelles tous les deux jours.

La vie est dure, mais il faut toujours se rappeler qu'il y a de la lumière au bout du tunnel. Nous faisons des erreurs, en tirons des leçons et essayons de devenir de meilleures personnes. Tant que les gens adhèrent à cette idée, ils peuvent voir le soleil naissant. Vous devez savoir que personne ne peut changer le passé ; c'est l'avenir vers lequel nous pouvons travailler.

En tant que directeur de la sécurité de l'entreprise, j'ai joué un rôle crucial dans la protection de tous les employés et de tous les actifs de l'installation. Occupant un poste aussi vital, je ne pouvais pas mettre mes problèmes personnels au travail, alors j'ai travaillé toutes ces longues heures avec un visage courageux et j'ai persévéré. Je ne voulais pas que quiconque autour de moi sache à quel point j'étais profondément déprimé.

Il n'est jamais facile d'incorporer du sens et de la conscience aux gens, mais en tant que directeur de la sécurité de l'entreprise, c'était exactement cela. Non seulement je devais élaborer des plans de sécurité, mais je devais également créer un environnement sécurisé dans lequel tous les employés étaient conscients de la sécurité. J'ai dû construire une culture et un état d'esprit d'entreprise où la sécurité était la même priorité pour tout le monde.

C'était une responsabilité gigantesque et je savais que c'était une corde raide. Je devais être mentalement présent pour travailler sur ces grandes idées car les enjeux étaient importants et je devrais en être tenu responsable. Même si Tripp et moi entretenions une relation très forte et inébranlable, j'avais encore une tâche cruciale à accomplir : amener les employés à adhérer au programme de sécurité, et beaucoup dépendait de moi.

J'ai découvert Dixie Brands, avec beaucoup de gadgets et une expérience très solide. J'avais un curriculum vitae rempli de réalisations ; J'ai travaillé à plusieurs Jeux olympiques, à la Banque mondiale et aux réunions du FMI à Washington D.C. Puis l'expérience militaire et mon activation après le 11 septembre. Avec autant d'expérience à mon actif, je ne pouvais pas laisser les bas prendre le dessus sur moi.

Cependant, cela ne veut pas dire que je pourrais toujours faire preuve de courage. Dans mes relations avec les employés et les collègues, j'ai miraculeusement tout mis de côté et je me suis concentré sur les tâches urgentes à accomplir, mais lorsque je quittais cet établissement et me retrouvais seul dans ma chambre, je m'effondrais complètement. Il y a eu des moments où je me suis regardé dans le miroir et je ne me suis pas reconnu – *Je ne savais pas qui j'étais.*

Dans la vie, il y a des endroits où l'on se perd, à la recherche d'un point d'ancrage ou de quelque chose qui nous aiderait à identifier qui nous sommes car tout ce qui nous constitue est inévitablement perdu. J'avais une famille, une femme, des enfants et un foyer, mais ce n'était pas le cas. C'était extrêmement douloureux de me redéfinir et d'abandonner le passé, mais il fallait le faire, c'est ce que j'ai fait.

En 2014, l'industrie du cannabis dans l'État du Colorado a fait l'objet d'une grande attention lors de la légalisation de la marijuana. Mon expérience du travail était qu'il y avait beaucoup de couverture médiatique. Rien que dans mon établissement, CBS News, CNN, ABC News et de nombreux autres médias ont interviewé notre PDG, Tripp, et notre directeur de l'exploitation, Chuck Smith. Quand je suis arrivé là-bas, ils filmaient une émission sur CNBC intitulée Pot Barons of Colorado, qui mettait en vedette tous ces dirigeants qui se lançaient dans l'industrie du cannabis, et Tripp, mon PDG, en faisait partie. Il y avait des caméras partout dans l'établissement, même si, à ce moment-là, je ne voulais pas être filmé. C'était une nouvelle expérience, et j'ai toujours pensé qu'il fallait s'ouvrir à de nouvelles expériences et opportunités, alors j'ai fini par en faire partie.

J'ai apprécié ce travail et ma relation avec les employés était forte. Nous nous respections et nous faisions confiance mutuellement, et comme tous les employés étaient jeunes, mon bureau était un espace sûr pour eux s'ils rencontraient des problèmes. J'étais un grand frère ou un père pour beaucoup d'entre eux, et ils me faisaient confiance pour résoudre leurs problèmes.

Donc, d'une certaine manière, j'exerçais mon ministère avant même d'être ordonné ministre. Le mentorat ressemble beaucoup au ministère, à l'exception des références tirées des écritures bibliques. Les employés venaient retirer des affaires de leur coffre, et je leur fournissais un espace sûr où rien ne sortirait jamais de ces portes, alors ils venaient souvent l'utiliser.

Mon travail chez Dixie Brands a été deux des meilleures années professionnellement. J'ai énormément apprécié le travail et l'environnement. Il s'agissait d'un poste de haut niveau, sans jeu de mots, et qui présentait ses avantages. Je connaissais le gouverneur Hickenlooper par son prénom et nous étions tous invités chez lui pour les fêtes de Noël. De même, le maire Michael Hancock de Denver me connaissait également par mon prénom. Le poste était très médiatisé car mon PDG, Tripp, jouissait d'un poste très réputé. Il était toujours présent dans l'actualité et dans les médias, et tous les regards étaient tournés vers lui dans l'industrie du cannabis à Denver. Mais la vie n'est jamais simplement noire ou blanche. C'est toujours quelque part au milieu, dans la zone grise dans laquelle vous vous retrouverez. Pour moi, même si je m'épanouissais professionnellement, dans mon espace personnel, je traversais l'une des pires périodes. J'étais en difficulté et le dilemme pour moi était de savoir comment y faire face.

J'étais terrifiée à l'idée de le faire savoir à qui que ce soit, et c'était épuisant de tenir tout le monde à l'écart et à distance.

C’est l’un des principaux problèmes des personnes qui souffrent de dépression discrète. Ils essaient de se cacher du monde et de s’assurer que personne ne découvre leur existence ou leur état mental. Cette lutte constante continue alors de les épuiser et de les rendre encore plus aliénés.

Quand je regarde les photos de cette époque, je ne vois qu’un squelette. Ma santé physique s'était extrêmement détériorée. Je n'avais que la peau sur les os. Je pesais 170 livres, et c'est le plus léger que j'ai jamais été. Mes vestes et mes costumes pendaient sur moi.

Avant, je travaillais probablement 70 heures par semaine, du lundi au samedi, et même après cela, certains dimanches, j'allais rattraper mon courrier électronique. Je travaillais continuellement pendant de longues périodes pour me distraire de mes propres pensées. Travailler sur des missions de cinq à huit mois, voire un an, était devenu la norme pour moi.

Travailler de longues heures et boire étaient mes mécanismes d'évasion. Rétrospectivement, je me rends compte que j'aurais dû essayer d'autres chaînes et faire face à la tourmente d'une manière différente, mais à l'époque, j'étais complètement seul et je devais survivre par tous les moyens possibles. Mon divorce a été mouvementé pour la famille, les enfants en particulier, et toutes ces prises de conscience ont rendu les journées de plus en plus difficiles. Je ne peux pas parler avec certitude et convection de l’espace libre dans lequel se trouvait mon ex-femme, mais la mienne était complètement désemparée.

Même à cette époque, j'avais l'habitude de prendre l'avion pour la Pennsylvanie parce que mon ex-femme, Alicia, et mon fils, Sy, vivaient à Pittsburgh, ma ville natale, où ils avaient déménagé de Columbus, dans l'Ohio. J'allais voir mon fils jouer au football, et même si c'était à 1 500 milles l'un de l'autre, j'essayais de m'impliquer le plus possible. Il était alors en neuvième année et jouait pour l'équipe junior. C'était une bénédiction pour moi de le voir jouer.

Mais vivre avec une famille déchirée par les circonstances est difficile. Mes enfants et ce que j'avais à l'époque me manquaient. Il n'est pas facile de se séparer de ses proches et de se retrouver au fond du gouffre pour ensuite le faire tout seul. C'est tout simplement de la torture.

À l'époque, je n'avais même pas Dieu et sa volonté suprême auxquels m'accrocher parce que ma foi n'était pas forte. Je n'allais pas régulièrement à l'église. Pendant tout mon séjour à Denver, je suis allé à l'église une ou deux fois, peut-être. Avec une foi inexistante et une dépression qui fait rage, j'allais forcément me retrouver là où je suis arrivé le 18 avril 2015, avec un pistolet dans la bouche, sur le point d'en finir avec tout.

Chapitre 9 : Crise de santé mentale

Il y a des jours comme le 18 avril 2015 qui pourraient changer le cours d'une vie. Pour moi, la dépression était quelque chose qui me hantait dans l'obscurité de la nuit. Au fil des jours, il restait dans l'ombre, me scrutant entre les espaces mais ne me confrontant jamais à l'air libre.

Mes journées restaient chargées, et j'étais extrêmement investi professionnellement. Je n'ai pas laissé mes problèmes de santé mentale se répercuter sur mon travail quotidien. C'était un travail très médiatisé et j'en connaissais les risques. Même si le travail était stressant, je l'ai simplement apprécié car j'étais le tout premier directeur de la sécurité d'entreprise dans le secteur du cannabis.

Les matinées ont été remplies de nombreuses tâches et d'apparitions dans les médias. J'ai eu l'occasion d'avoir des interviews avec le New York Times et même avec le magazine Security 500. J'étais continuellement impliqué avec mes collègues et les forces de l'ordre alors que le FBI voulait en savoir plus sur l'industrie du cannabis.

Mais les nuits, seule à la maison, sans autre compagnie que la mienne, c'est là que j'ai eu du mal. C'était la partie la plus difficile. Il n'y avait aucune activité dans laquelle je pouvais ou je m'engageais à ce moment-là. Je ne m'entraînais même pas ; Je n'avais que la peau sur les os. Même si, pour certaines personnes, je n'étais pas en mauvaise forme, pour moi, étant donné que j'avais été lutteur professionnel, cela m'a vraiment frappé de ne pas être en forme.

Lentement, les pensées ont continué à s'accumuler : le stress de quitter le catch prématurément, le stress du divorce et le chagrin qui a suivi, laisser mes enfants et ma famille derrière moi, et être à Denver, à 1 500 miles de tout le monde. Je ne pouvais pas m'empêcher de sombrer dans une spirale chaque nuit. Ma routine consistait à boire beaucoup le soir, puis à faire preuve de courage le matin au travail. Mais combien de temps cela aurait-il pu fonctionner ? Et ainsi cela a conduit au jour fatidique du 18 avril.

J'avais prévu de mettre fin à mes jours pendant des mois et j'ai même étudié différents endroits potentiels car je ne pouvais pas le faire dans ma propre chambre. Mon colocataire de l'époque avait un colocataire qui s'est suicidé et je ne voulais pas lui faire subir ça. Je ne pouvais pas me résoudre à être la cause de son traumatisme à revivre et j'ai donc envisagé de louer une chambre d'hôtel.

Cependant, et c'est peut-être égoïste, j'ai finalement décidé d'en finir avec tout ça dans mon bureau. Ensuite, je ne savais pas pourquoi j'avais pris cette décision. Pourtant, en regardant en arrière maintenant, je me rends compte à quel point cela aurait été traumatisant pour tout le monde là-bas si j'avais suivi mon plan. Donc, je veux m'excuser auprès de tout le monde chez Dixie. Je suis désolé d'avoir pensé à quelque chose qui vous aurait tous gravement affecté.

Au début de l'année 2015, j'ai finalement décidé qu'il était temps. Je n'avais pas peur du tout ; Je ne savais tout simplement pas où et comment je le ferais. J'ai réfléchi à la façon dont cela affecterait tout le monde et aux événements déclencheurs. Mais le poids de tout ce qui s'était passé, de ma carrière de lutteur à la perte de mes deux pères, puis au divorce et à la dévastation financière, tout cela était trop lourd et embrumait mon jugement.

Je ne pouvais plus fonctionner, alors je me suis dit : « D'accord. Je ne peux plus faire ça. Je ne peux tout simplement pas le faire, et je ferais mieux de mourir. Je pensais que je serais mieux si je n'étais plus là, et c'est ce vers quoi j'ai travaillé. C'est arrivé un samedi et je suis entré dans le bureau comme n'importe quel autre jour. Habituellement, lorsque je me mêlais à tout le monde dans le bureau, j'enfilais une blouse de chef et un chapeau et j'allais dans la cuisine. Nous fabriquions des chocolats infusés au cannabis, et j'allais essayer de faire des chocolats avec tout le monde.

Bien sûr, en matière de cuisine, je n'étais pas un professionnel, donc les chocolats ne se sont jamais bien déroulés. Ensuite, le personnel me mettait dehors de manière ludique et me disait que j'étais le meilleur en matière de protection et que je n'étais pas nécessaire dans la cuisine. Tout cela s'est fait dans le plaisir et le jeu car nous étions tous très amicaux et à l'aise les uns avec les autres. Nous riions tous parce que je leur ferais passer un moment difficile.

De la même manière, je voulais aussi que le samedi soit aussi normal que possible. Je ne voulais pas que les employés pensent que quelque chose n'allait pas chez moi. Alors, je me promenais et je faisais tout comme je le faisais chaque samedi. Je me suis assuré qu'ils savaient que j'étais là pour les soutenir et au cas où quelqu'un voudrait venir me parler dans mon bureau.

Même si je faisais en sorte que tout paraisse normal en surface, au fond, rien n'allait bien car ce jour marquerait le dernier jour de ma vie sur cette terre. Et lorsque tout le monde est parti et que j'ai dit au revoir à chaque employé, je me suis assuré que les installations étaient sécurisées et je suis allé à mon bureau.

Mon bureau était l'endroit le plus sécurisé de tout l'établissement. J'avais des caméras partout et pas une seule feuille ne pouvait tomber, ce dont je n'aurais pas eu connaissance. Seul dans mon bureau, j'ai sorti comme un gallon de vodka de premier ordre. Mais soudain, en regardant la bouteille, j'ai réalisé que je ne la boirais pas. Je n'avais pas besoin d'alcool pour m'aider à m'en sortir ; J'ai eu le courage de franchir le pas tout seul. J'ai rarement eu une tournée dans la Chambre, contrairement aux autres agents chargés de l'application des lois qui avaient toujours une tournée contre eux. Même si j'avais toujours mon Glock 19 sur ma hanche comme une partie du corps, je ne me suis jamais senti à l'aise avec l'idée de faire une ronde tout le temps. Je n'en mets un que si je perçois une menace réelle et que j'ai besoin de me protéger des autres, ce qui ne s'est produit que deux fois dans ma carrière.

Dans mon bureau, je suis entré dans la chambre, puis je me suis penché en arrière et j'ai mis le pistolet dans ma bouche. Tout était statique pendant un moment ; même si la musique était de la musique, on pouvait entendre le léger bourdonnement de toutes les caméras en fonctionnement et du système CVC. Lentement, j'ai appuyé sur la gâchette, marquant cela comme mon dernier acte, et après cela, tout est devenu sombre.

***

Dans cette obscurité, j'ai d'abord pensé que j'avais réussi, que j'avais appuyé sur la gâchette. J'ai été surpris de ne rien ressentir. J'ai essayé de comprendre ma situation et mon environnement et j'ai pensé que c'était peut-être la première étape de la mort. Mais tout était complètement immobile et silencieux – pas de lumières, de musique ou de caméras – et puis je l'ai ressenti. C'était une sensation étrange qui me parcourut le long de la colonne vertébrale. J'ai senti les poils de mes bras se dresser et une sorte de charge électrique m'a traversé.

L'expérience spirituelle est assez difficile à mettre en mots, mais c'était presque comme être frappé par la foudre. Un jour, quand j'étais enfant, je jouais au baseball avec mes amis et la foudre a frappé la clôture du champ extérieur. Tout le monde avait ressenti une charge électrique. Heureusement pour nous, personne n'a été touché. Mais, à ce moment-là, oscillant entre la vie et la mort, j'ai ressenti à nouveau cette charge, et je crois que c'était la manière de Dieu de me dire qu'Il est avec moi. J'étais complètement nerveux et je ne sentais rien, mais j'avais une forte sensation de présence de quelqu'un. Je ne sais pas comment l'expliquer au mieux, mais je sentais que je n'étais pas seul et qu'il y avait deux individus avec moi là-bas. Et même si je ne pouvais pas les voir, je pouvais les sentir ; leur parfum familier m'a accueilli de toutes parts.

Les bouffées d'air familières m'ont fait réaliser que je n'étais pas seul là-bas ; mon père et mon beau-père, papa George, étaient là dans cet espace, quelque part entre la vie et la mort.

Même si leur présence échappait à mon œil nu, je pouvais sentir leur personnalité tout autour de moi.

Un faible murmure de voix tombait continuellement dans mes oreilles. Dans cette hâte floue, tout ce que je pouvais distinguer, c'était que mon père était agenouillé sur mon côté gauche. Et je pouvais sentir une main forte et familière sur mon épaule droite ; c'était mon beau-père.

Tout ce que je pouvais comprendre des murmures sourds, c'est que mon père était très bouleversé pendant que papa George essayait de désamorcer la situation. J'ai entendu sa voix; il a dit : « Fils, réalises-tu ce que tu vas laisser dans ton sillage ?

Dès qu'il a prononcé ces mots, un vieil écran de projection est apparu devant moi et toute ma vie a défilé devant mes yeux. Je pouvais entendre les bobines qui montraient ma vie : la naissance de mes enfants, ma carrière dans l'armée, mon temps en tant que lutteur professionnel, la perte des membres de ma famille et tous les autres moments d'émotion. J'ai tout regardé, mais juste au moment où j'espérais que ce serait fini, cela m'a montré dans le bureau – en train de me suicider.

Je me suis vu me tirer une balle, le sang éclaboussait partout. Il était contre le mur et j'ai vu mon corps s'effondrer. Le sang coulait sur les armoires de mon bureau, et mon père et mon beau-père m'ont demandé si c'était vraiment ce que je voulais. J'arrivais à peine à prononcer les mots, mais j'ai dit non. Je ne voulais pas de ça ; être spectateur de ma propre mort était une expérience que je ne pourrais jamais comprendre moi-même. C'était une expérience surnaturelle et elle restera toujours avec moi.

Dès que j'ai dit non, les lumières se sont allumées dans la pièce, les 80 caméras de la pièce se sont animées une à une, puis la musique a commencé à jouer. C'était une chanson que je n'oublierai jamais. J'ai même intitulé ce livre d'après la chanson Out of the Storm du groupe Incognito, qui a un très bon ami à moi, Bluey, comme chef de groupe.

Cette nuit-là, je suis retourné dans mon appartement à Denver et je suis resté là complètement perplexe. Je ne savais pas comment comprendre ce qui venait de se passer. Je n'arrêtais pas de me creuser la tête, me demandant si j'étais en train de trébucher, mais je n'avais ni pris de drogue ni d'alcool ce jour-là et je n'étais même pas épuisé. Donc, cela ne pouvait pas non plus être un rêve ou une hallucination que j'avais vécu.

J'ai porté cet incident avec moi pendant cinq ans. Je ne savais pas comment le comprendre ; Je ne savais même pas comment l'exprimer ni à qui l'exprimer. J'ai juste pensé que ce serait mieux si je l'avais simplement oublié. Rangez-le et ne le revenez jamais.

À cette époque, je n'avais pas réalisé qu'il s'agissait d'une intervention divine ; Je pensais juste que c'était quelque chose de particulier et je ne pouvais pas donner de nom correct. Et comme j'étais incapable de le comprendre moi-même, j'ai hésité à le partager avec qui que ce soit. J'avais peur que les gens pensent que j'étais juste fou. Le phénomène dans son ensemble était inexplicable. Je n'ai vu ni mon père ni mon beau-père, mais leur odeur m'a fait réaliser qui j'étais dans cet état. Vous avez tendance à reconnaître les voix et les odeurs des personnes qui vous entourent, ce qui m'indique également leur présence. Même si je ne pouvais pas les voir, je savais qu'ils étaient là pour essayer de m'aider, et que cette aide était envoyée par Dieu.

À l'époque, j'en avais perdu le sens, mais lorsque j'ai arrêté de boire dans le nord-ouest du Pacifique, Dieu s'est finalement révélé à moi, et c'est seulement alors que j'ai tout compris. C'était en 2020 ; Cinq ans s'étaient écoulés lorsque j'ai pu lire le miracle tel qu'il était. Je ne me suis pas immédiatement tourné vers Dieu, ce qui pourrait paraître étrange aux gens, mais tout le monde a le temps de revenir au Seigneur.

Même si je n'ai pas complètement changé d'avis, je suis reparti avec quelque chose de complètement sûr : je n'essaierais plus jamais de me suicider.

Chapitre 10 : Réinvention

Le jour où je me suis arrêté d'appuyer sur la gâchette, c'est le jour où j'ai su, sans l'ombre d'un doute, que je ne franchirais plus jamais cette ligne. L'abîme me regardait et j'avais décidé que je ne voulais pas y plonger. Le plus dur n'était pas encore terminé.

S'éloigner de ce moment ne signifiait pas que j'allais tout à coup bien. L'obscurité qui avait été mon compagnon constant était toujours là. La dépression est restée ! Je ne savais pas comment le dégager, mais je savais que je devais continuer à marcher.

La vérité est que je n'ai pas affronté ma dépression après ce jour. Je n'avais pas de grand plan de rétablissement. Je savais simplement que je devais trouver un moyen d'exister. La réinvention, comme je l'apprendrais, ne consiste pas à se transformer du jour au lendemain. Il s'agit de trouver une raison de continuer, même si vous ne savez pas quelle est cette raison. Il s'agit d'apprendre à vivre avec les ombres sans les laisser vous consumer. Je n'ai pas abordé la dépression, pas au début. Mais j'ai fait ce premier pas loin du bord, et c'est ce qui a fait toute la différence.

Un nom que je ne peux pas oublier dans cette lutte de ma vie était Alex Golston. Deux semaines seulement après mon suicide, une conversation avec lui a fait toute la différence nécessaire. Mais d'abord, laissez-moi vous raconter comment nous nous sommes rencontrés. C'était encore une autre histoire intéressante.

Quand je suis arrivé chez Dixie, le siège social était encore en construction. Nos bureaux étaient donc constitués de quelques caravanes installées sur place. C'était une opération de fortune, et la sécurité était déjà un problème, surtout après que quelqu'un soit entré par effraction dans les caravanes environ une semaine avant même mon arrivée. Compte tenu de l'état des choses, j'avais besoin d'aide, de quelqu'un de fiable, d'expérience et qui n'avait pas peur de s'aventurer en territoire incertain. C'est à ce moment-là que j'ai rencontré Alex. Je l'ai appelé alors que j'étais encore sur la côte Est avant même de mettre les pieds à Denver. Il m'a été fortement recommandé, alors je l'ai contacté et il a accepté de gérer la situation concernant l'effraction. C'était la première fois que j'entendais sa voix et il semblait professionnel, calme et efficace.

Quand je suis finalement arrivé à Denver et que je l'ai rencontré en personne, j'ai été surpris. Avec un nom comme «Alex Golston», je ne m'attendais pas à un homme afro-américain grand et musclé qui avait l'air d'appartenir à un plateau de tournage. Il a rempli la porte de la caravane, me dominant avec une présence à la fois intimidante et accueillante. Sa voix était grave, mais il avait une attitude amicale, ce qui m'a mis à l'aise presque immédiatement. Il ressemblait à un Dieu grec.

Alex était un ancien officier du SWAT et je pouvais dire qu'il savait ce qu'il faisait. C'était un soulagement car l'industrie du cannabis à cette époque était une entreprise très gourmande en liquidités. Les lois fédérales nous empêchaient d'avoir des comptes bancaires traditionnels, donc tout l'argent que nous collections devait être déposé dans des distributeurs automatiques. C'était une configuration risquée, et il n'y avait que deux guichets automatiques Bank of America dans toute la ville, sans succursales physiques.

Cela faisait de chaque dépôt en espèces un risque potentiel pour la sécurité, mais Alex est intervenu et s'en est occupé pour nous. Lui et un autre policier à la retraite de Denver s'occupaient de tous nos dépôts, s'assurant que tout était fait en toute sécurité et discrètement. C'était un énorme poids sur mes épaules, sachant que je pouvais compter sur lui pour gérer l'argent sans aucun problème. Malgré sa taille et sa force, Alex n'était pas seulement musclé, il avait aussi un cerveau à la hauteur. Son expérience au sein du SWAT lui a donné une perspective unique sur la sécurité, et il avait toujours une longueur d'avance, anticipant ce qui pourrait mal tourner et planifiant en conséquence. Cela l'a rendu très précieux pour moi, surtout dans un secteur où les enjeux étaient élevés et où les règles changeaient constamment.

Au fil du temps, Alex est devenu plus qu'un simple consultant en sécurité. C'était quelqu'un vers qui je pouvais me tourner pour obtenir des conseils. Il était facile de parler avec lui et avait un grand sens de l'humour, partageant souvent des histoires. Il avait cette façon de vous faire sentir que tout irait bien, même si les choses semblaient chaotiques.

La relation que j'ai bâtie avec Alex était bien plus que de simples affaires. C'était un ami, quelqu'un sur qui je pouvais compter pour me soutenir lorsque les choses devenaient difficiles. Ainsi, je me suis profondément appuyé sur Alex.

Ainsi, deux semaines après mon moment le plus sombre, mon pote Alex a appelé. C'était un simple appel, rien de dramatique, juste comme d'habitude. Mais cet appel s'est avéré être l'un des moments critiques de mon retour à la vie. Je me souviens qu'Alex était quelqu'un avec qui on se sentait plus en sécurité. Une personne qui semblait capable de gérer n'importe quelle situation qui se présentait à lui. Lorsqu'il a tendu la main, il a eu une idée pour laquelle il avait besoin d'aide.

« Hé, Sy, as-tu des contacts en Afrique ? il a demandé. Heureusement, j'en avais en fait beaucoup. Un bon ami dirigeait une entreprise de sécurité en Afrique du Sud, avec des bureaux sur tout le continent. Alex voulait de l'aide en affaires, alors j'ai accepté de faire le lien.

Après avoir configuré l'introduction, Alex est revenu vers moi avec une demande. Il a dit qu'il allait se rendre en Afrique du Sud et qu'il voulait que je l'accompagne. Il a dit qu'il pensait qu'il était plus logique que je sois là plutôt que lui pour rencontrer mon ami. En effet, il était logique qu'avoir quelqu'un familier avec le poste pour combler cette lacune soit une bonne idée.

Alors j'ai dit oui et nous avons réservé nos billets. C'était la première fois depuis longtemps que je ressentais une étincelle d'excitation. Mais ce n'est que lorsque les roues de notre avion ont quitté la piste de Denver que j'ai senti quelque chose bouger. C'était comme si un poids avait été enlevé de ma poitrine et un soudain sentiment de soulagement que je n'arrivais pas à expliquer. J'étais de retour dans les airs, faisant ce que j'avais toujours aimé. Voyages!

Le voyage vers l'Afrique du Sud a été long, de Denver à Los Angeles, puis de LAX à Abu Dhabi, puis d'Abu Dhabi à

Johannesburg, et enfin de Johannesburg à Cape Town. Alex et moi avons eu tout le temps de discuter en cours de route. Nous avons discuté des affaires, de la vie et de tout le reste. Il savait que j'avais vécu beaucoup de choses à cause de mon stress au travail et de mon divorce. Cependant, il ne connaissait pas toute l'ampleur de ce contre quoi je me battais. Je ne lui avais pas parlé de la tentative de suicide et je n'avais pas l'intention de le faire.

Mais Alex savait que quelque chose n'allait vraiment pas. Au cours de notre conversation pendant toute cette tournée, il s'est tourné vers moi et m'a dit : « Sy, je sais que tu es un lutteur professionnel. J'ai vu certaines de vos photos. Tu devrais retourner au gymnase. Ce n'était pas une suggestion lourde mais juste un commentaire désinvolte. Mais cela a touché une corde sensible.

Alex était un grand gars, environ 6'5" et pesait 250 livres, avec un solide mur de muscles. Il était un passionné d'haltérophilie et avait ce physique qui vous faisait réfléchir à deux fois avant de le croiser. Sa suggestion venait d'un bon endroit. D'un ami qui se souciait de moi et qui voulait m'aider. Il ne savait pas que je luttais contre la dépression, mais il savait que j'avais du mal à retourner au gymnase, ce qui semblait être une étape simple et tangible que je pouvais franchir. J'ai réalisé qu'il avait raison. J'avais besoin de quelque chose sur quoi me concentrer, de quelque chose pour me sortir de la tristesse. L'idée de retourner au gymnase, de me remettre en forme et de développer ma force ne me paraissait pas seulement une bouée de sauvetage. être en bonne forme physique, mais il s'agissait de trouver un moyen de commencer à guérir et de recommencer à me sentir moi-même. C'était donc aussi une élévation mentale.

Lorsque nous avons finalement atterri au Cap, je réfléchissais déjà à la manière dont je pourrais faire en sorte que cela fonctionne. Le voyage au Cap était donc bien plus qu'un simple voyage d'affaires. C'était le début d'un nouveau chapitre. Un tournant dont j'avais désespérément besoin. C'est la simple suggestion d'Alex, ses encouragements, qui ont semé la graine de l'espoir. Revenir au gymnase est devenu mon moyen de reprendre le contrôle et de trouver une voie à suivre. Lentement mais sûrement, cela a commencé à fonctionner. Physiquement, j'ai commencé à me sentir plus fort. Mentalement, j'ai recommencé à me voir dans le miroir comme la personne que j'étais.

Alex ne s'en était peut-être pas rendu compte à ce moment-là, mais sa suggestion de retourner au gymnase a été la première étape vers ma guérison. Je lui attribue vraiment ma transformation physique. Il a joué un rôle déterminant dans ma remise en forme, en me suggérant le gymnase que je devrais visiter à Aurora, au Colorado.

La salle de sport était un endroit où je pouvais commencer à reconstruire ma force physique tout en travaillant lentement sur ma santé mentale. Même si je savais que trouver une salle de sport ne réglerait pas ma dépression comme par magie, c'était un pas dans la bonne direction. J'ai porté ce fardeau pendant encore cinq ans, mais au moins j'avais quelque chose de positif sur lequel me concentrer. Alex ne m'a pas seulement aidé sur le plan physique. Il était là pour moi aussi sur le plan personnel. Nous sortions boire des bières et parlions de tout, du travail à la vie en général. Ces nuits ont été un soulagement et une occasion de se détendre et de s'amuser. Alex avait une façon de rendre les choses moins intimidantes, même lorsque mon travail chez Dixie était tout sauf facile.

Chez Dixie, j'étais directeur de la sécurité de l'entreprise, ce qui signifiait que j'étais responsable de tout, de la sécurité des locaux à la gestion des flux de trésorerie. L'industrie du cannabis était en plein essor, mais elle présentait son lot de défis. Alex a été d'une grande aide à cet égard. Il s'est non seulement occupé des dépôts en espèces mais m'a également conseillé sur les mesures de sécurité.

J'étais une entreprise individuelle, essayant de garder tout ensemble chez Dixie, et le soutien d'Alex était inestimable. Il est intervenu là où j'avais besoin de lui, qu'il s'agisse de gérer de l'argent ou de mettre en place des systèmes de sécurité.

Avec le recul, je me rends compte à quel point Alex a été crucial à cette époque. Il était plus qu'un consultant. C'était un partenaire, quelqu'un sur qui je pouvais compter sans aucun doute. Il m'a donné le coup de pouce dont j'avais besoin pour revenir, ce qui m'a lancé dans un voyage de guérison physique et mentale.

Alex pourrait minimiser son rôle en disant que j'ai fait tout le travail moi-même, mais il a été le catalyseur du changement. Il a semé les graines de l'espoir et m'a encouragé à continuer d'avancer. Sans lui, je ne sais pas si j'aurais trouvé la force de continuer.

***

J'ai continué à travailler à la succursale Dexter pendant encore un an. Ensuite, j'ai décidé qu'il était temps de changer.

J'ai déménagé du centre-ville de Denver pour m'installer à Aurora, au Colorado, où j'ai trouvé Colorado Pro.

Salle de sport. C'était un grand endroit rempli de bodybuilders, d'haltérophiles et d'haltérophiles, tous lançant du fer. L'atmosphère était accueillante et je me suis senti chez moi dès mon arrivée. Les gens là-bas étaient authentiques et même si je n'étais pas encore un habitué, je pouvais dire qu'ils appréciaient tout le monde.

Ce fut un lent processus de reconstruction. La dépression n'a pas disparu simplement parce que j'ai trouvé un nouveau gymnase ou parce que j'ai déménagé dans une nouvelle ville. Néanmoins, j'ai continué à travailler sur moi-même, en essayant de tirer le meilleur parti de chaque journée. Mais ce n'est que lorsque j'ai arrêté de boire, le 1er mars 2020, que j'ai commencé à véritablement accepter le changement. Il m'a fallu cinq ans pour en arriver là. Cinq ans à lutter, à essayer de me reconstituer petit à petit. Et pourtant, malgré tous les hauts et les bas, il y avait une constante : je n'ai plus jamais pensé au suicide.

C'est ce que je retiens le plus de ce jour où je suis sorti de mon bureau sans jamais regarder en arrière. Je ne m'en rendais pas compte à l'époque, mais c'était une rencontre spirituelle. Je n'étais pas religieux et je n'avais pas assez de foi à l'époque pour comprendre que Dieu aurait pu intervenir en ma faveur. Ce n'est que bien plus tard, après avoir arrêté de boire et commencé à réévaluer ma vie, que j'ai compris la vérité sur ce qui s'était passé. Mais même là, je ne voulais pas l'explorer. Je voulais enterrer ce souvenir si profondément dans mon âme que je n'aurais plus à y penser.

Mais Dieu a un moyen de vous atteindre, même lorsque vous ne le cherchez pas. Quand j'ai arrêté de boire en 2020, c'était comme si tout ce que j'avais essayé d'enterrer remontait à la surface. Cela m'a obligé à affronter l'aspect spirituel de ma rencontre, à accepter enfin que quelque chose au-delà de ma compréhension s'était produit. Je n'étais pas prêt à l'explorer pleinement, mais je savais que je ne pouvais plus l'ignorer. C'était frustrant de ne pas pouvoir expliquer ce qui s'était passé. J'étais de nature analytique, j'essayais toujours de réfléchir, et c'était quelque chose que je n'arrivais pas à comprendre. Mais c'était peut-être là le but. Peut-être que je devais arrêter d'essayer de tout contrôler et lâcher prise. C'était peut-être une manière naturelle de me dire d'avoir confiance que les choses s'arrangeraient. C'était une dure leçon, mais c'était une leçon que je devais apprendre.

Chapitre 11 : Jeux olympiques (2016)

Mes aventures aux Jeux olympiques n'étaient pas aussi tordues ou difficiles. J'ai travaillé à plusieurs Jeux olympiques avant de travailler à Pékin en 2008. J'ai fourni des évaluations des menaces et des rapports de renseignement pour de nombreux événements. Ceux-ci comprenaient des rapports de renseignement pour Sydney en 2000 et Athènes en 2004. Cependant, mon expérience dans le secteur de la sécurité était une autre raison pour laquelle je suis allé aux Jeux olympiques en 2016. Ma réputation dans le secteur de la sécurité était solide. Il s'appuie sur des années d'expérience et un talent pour gérer des situations sous haute pression.

Et donc, je suis parti pour les Jeux olympiques.

Abandonner ma passion pour participer aux Jeux olympiques a été une tâche facile. Malgré mon amour pour Dixie et le travail que nous faisions, je savais qu'il était temps de changer. Ainsi, après ma deuxième année, j'ai pris la décision difficile de quitter mon poste. C'était un défi dans le sens où je m'étais investi pleinement dans l'entreprise. Construire une équipe et élaborer des protocoles de sécurité qui assureraient la sécurité de l'entreprise a été tout ce que j'ai fait pendant un temps considérable.

J'avais déjà décidé de quitter Dixie si je n'avais même pas travaillé aux Jeux olympiques. Après avoir accepté de travailler en tant que directeur de la sécurité d'entreprise chez Dixie Brands pendant un an ou deux, j'ai démissionné dès la deuxième année.

Compte tenu du temps que j'ai passé chez Dixie, je ne pouvais pas dire au revoir sans trouver une alternative. J'avais confiance en l'équipe que j'avais bâtie. Mais il fallait que quelqu'un me remplace. Ainsi, j'avais embauché mon remplaçant, Colin Daugherty. J'étais à l'aise en laissant cette position entre ses mains. Deux jours seulement après avoir quitté Dixie, j'ai reçu un appel qui allait tout changer. Deux jours après avoir démissionné de Dixie Brands, et alors que je me détendais au bord de la piscine de mon appartement à Aurora, j'ai reçu un appel inattendu d'une entreprise de sécurité basée à Washington. C'était une entreprise de Washington qui me demandait si je pouvais réagir rapidement à une situation à Rio. Ils avaient un vice-président en difficulté et ils avaient besoin de quelqu'un avec mon expertise pour les aider à arranger les choses.

Ils m'ont demandé si je pouvais me déployer rapidement à Rio de Janeiro pour aider leur personnel qui travaillait aux Jeux d'été de Rio 2016. Ils ont dit que le vice-président sur le terrain avait beaucoup à faire et qu'il se trouvait peut-être dans le « grand bain », ce qui signifie que le programme était chancelant. C'était une perspective intimidante de se retrouver dans une situation dont je ne savais rien. Mais je n'ai pas pu résister au défi. De plus, j'ai eu mon expérience aux Jeux d'été de Pékin en Chine et à Hong Kong en 2008. J'ai donc pensé que cela ne pouvait pas être très différent.

J'ai fait mes valises et pris un avion pour Rio, prêt à affronter tout ce qui m'attendait. Il était temps pour moi de me lancer dans une nouvelle aventure qui me mènera finalement au cœur des Jeux Olympiques. En montant à bord de cet avion pour Rio, j'ai ressenti à la fois de l'excitation et de l'appréhension. L'avenir était pour moi un chemin flou, et sans savoir dans quoi je m'engageais, j'étais prêt à relever tous les défis qui se présentaient à moi. J'étais dans une très mauvaise situation et je ne le savais pas à ce moment-là.

En arrivant à Rio, j'ai été plongé dans une activité rapide. L'entreprise avec laquelle je travaillais avait besoin de moi pour être opérationnel, et il n'y avait pas de temps à perdre. J'ai rencontré le vice-président en difficulté et il est vite devenu clair que la situation était désastreuse. Malgré tous leurs efforts, la situation était devenue incontrôlable. Ils avaient besoin de quelqu'un avec une nouvelle perspective pour les aider à se remettre sur la bonne voie. C'était une mission difficile, mais j'étais déterminé à faire la différence.

Lorsque je suis arrivé à Denver pour la première fois pour occuper un poste dans l'industrie du cannabis, j'ai été confronté au scepticisme et au mépris de nombreux collègues du secteur de la sécurité. Ils ont considéré ma décision comme un faux pas. Ils pensaient que c'était une démarche qui ternirait ma réputation et me qualifierait de « marchandise endommagée ». Pendant un moment, je me suis senti seul dans un secteur encore nouveau pour moi, stigmatisé et incompris.

Mais au fil du temps, j'ai commencé à attirer une attention positive pour mon travail dans le domaine du cannabis et ma transformation personnelle. Les gens ont commencé à prendre conscience de l'impact que j'avais et ont reconsidéré leurs jugements initiaux. Lentement mais sûrement, j'ai regagné leur respect et prouvé que ma décision de travailler dans le cannabis était non seulement bonne mais nécessaire.

Cependant, lorsque j'ai commencé à travailler aux Jeux olympiques, j'ai rapidement réalisé que j'étais entré dans un nid de frelons. Même si c'était très important étant donné que c'était pour les Jeux olympiques, qui sont sans aucun doute le deuxième sport le plus regardé après la Coupe du monde, et que c'était comme une timonerie pour moi, j'étais sous un fardeau. L'entreprise qui m'a embauché ne m'avait pas informé des problèmes qui se préparaient sur le terrain à Rio, me laissant mal préparé à l'ampleur de la situation. Le dirigeant que j'avais été amené à aider s'était aliéné des locaux et s'était fait des ennemis en cours de route. Son manque de respect pour la culture brésilienne a gravement porté atteinte à la réputation de l'entreprise et à ses relations avec la communauté. C'était une situation délicate et je savais que j'avais du pain sur la planche. Je n'ai pas pu m'empêcher de me sentir frustré par le manque de préparation de la part de l'entreprise alors que je me suis lancé dans la tâche de réparer les dégâts et de rétablir la confiance avec la population locale. Ils m'avaient mis dans une position difficile, s'attendant à ce que je nettoie un gâchis dont je n'avais pas été suffisamment informé.

Pourtant, en m'appuyant sur mes atouts en matière d'établissement de relations et de diplomatie, j'ai travaillé sans relâche pour réparer les obstacles. J'ai essayé de redorer le blason de l'entreprise à Rio. C'était une tâche angoissante et j'ai fait tout ce que je pouvais pour gérer la situation. Même si je n'ai peut-être pas pu réparer tous les dégâts causés, j'ai trouvé du réconfort en sachant que j'avais fait tout ce qui était en mon pouvoir pour réparer les torts et arranger les choses. Cependant, au milieu de l'agitation de mon travail et du frisson d'être à Rio, il y avait un problème d'alcool dont je ne pouvais pas me débarrasser. Même si j'avais fait de mon mieux pour abandonner mes pensées suicidaires, j'ai trouvé du réconfort en buvant. Cette habitude qui m'accompagnait depuis des années est devenue particulièrement lourde pendant mon séjour à Denver et dans le nord-ouest du Pacifique.

Même si j'allais au gymnase et travaillais à améliorer ma santé physique, la consommation d'alcool persistait. C'était une béquille sur laquelle je m'appuyais tous les jours. C'était une façon d'engourdir la douleur et d'étouffer le bruit de mes pensées. Mais au lieu d'alléger le fardeau, cela n'a fait qu'amplifier mes luttes. Cela a eu des conséquences néfastes sur mes articulations et sur mon bien-être général. Pour ceux qui ne pouvaient pas le voir, je travaillais toujours, je traînais avec des amis et je profitais de la joie que la vie apporte. Néanmoins, mon cœur intérieur s'est noyé dans la mare d'alcool. Et par conséquent, la partie boisson n'a jamais vraiment diminué. Elle a continué à s'amplifier jusqu'en 2020.

***

Alors que j'errais dans les rues de Rio, m'imprégnant des images et des sons de la ville animée, je suis tombé sur une salle de sport près de mon appartement sur la plage de Copacabana. C'est par hasard que j'ai trouvé ce joyau caché dans une ville animée comme celle-ci. Je me promenais et je suis tombé par hasard sur cette salle de sport ! Je ne me souviens plus de son nom, mais c'était un établissement sans prétention. Son ambiance ouvrière signifiait qu'il n'était pas pour les gens très éloignés des rendez-vous chics du lieu.

En entrant, j'ai été accueilli par la vue de bodybuilders inconditionnels pompant du fer et le transpirant dans cet espace. Leur dévouement était palpable et je ne pouvais m'empêcher de ressentir de l'admiration pour leur engagement envers leur métier. Alors que je traversais le gymnase, les habitués me regardaient avec curiosité. Ils se demandaient qui était cet étranger qui errait parmi eux. Certains ont émis l'hypothèse que je pourrais être une célébrité américaine visitant Rio pour les Jeux olympiques, attirée par le charme et l'exaltation de la ville. Mais j'ai rapidement dissipé leurs idées fausses. C'était difficile pour moi de converser avec eux, car ni leur anglais ni mon portugais ne maîtrisaient ! Nous avons donc fait des gestes manuels et physiques pour communiquer.

Cependant, j'ai rapidement trouvé un terrain d'entente avec les locaux grâce à mes clients. Ils m'ont toujours fourni des billets pour divers événements et j'ai décidé de partager cette richesse avec mes nouveaux compagnons de gym. Ainsi, j'ai commencé à distribuer des billets comme un rituel quotidien, et je suis vite devenu un visage familier. J'ai été accueilli à bras ouverts par la communauté soudée des bodybuilders. Au début, ils ont même essayé de me remettre de l'argent en échange des billets. Néanmoins, mon intention était seulement de me lier d'amitié avec eux. Ainsi, je leur ai expliqué que ce n'était qu'un symbole de tendre la main en signe d'amitié. Par la suite, je suis devenu assez amical avec certains bodybuilders, et eux aussi se sont intéressés à moi. Nous avons fait de notre mieux pour converser, mais c'était difficile à cause de la barrière de la langue. Mais je me souviens qu'il y avait peut-être une personne dans ce gymnase qui parlait un anglais approximatif. Il servait en quelque sorte de traducteur. C'est grâce à lui que j'ai précisé que je n'étais pas une célébrité, mais que je travaillais simplement aux Jeux olympiques.

Après toutes ces explications et mon geste de remettre mes billets gratuitement, les membres du gymnase ont commencé à me faire confiance. En fait, je suis devenu un gentleman assez célèbre de cette manière. Ils ont même apprécié le fait que j'étais en excellente forme. Je veux dire, ce n'est pas surprenant qu'ils m'aient trouvé beau, étant donné qu'au début ils me considéraient comme un acteur. Je plaisante, bien sûr. C'est avec une profonde gratitude que j'ai accepté leur compliment. Ils ne m'ont pas vraiment cru jusqu'à ce que je leur dise que je vivais en fait dans un condo directement sur la plage de Copacabana et que la salle de sport n'était qu'à un pâté de maisons ou deux de mon condo.

Tout en m'immergeant dans le brio de Rio, je me suis consacré à mes séances d'entraînement au gymnase de la plage de Copacabana. J'ai commencé à subir une transformation physique remarquable. L'engagement que j'ai pris envers moi-même et envers mes objectifs de remise en forme était ferme, et les résultats n'ont pas tardé à se manifester.

Un jour, lors d'une autre de mes promenades dans les rues de Rio, j'ai croisé la route d'un collègue d'une entreprise de sécurité que j'avais préalablement consultée à Washington, DC. Sa surprise était évidente lorsqu'il s'est exclamé : « Sy ! Sy!" Il avait failli ne pas me reconnaître avec un changement si significatif dans mon apparence. Le choc dans sa voix était clair. J'avais en effet perdu du poids et pris de la masse musculaire. Se réconcilier avec mon ami était rafraîchissant. Il a commencé par me dire à quel point j'avais l'air différent, ce que j'ai fait. Nous avons donc eu une excellente conversation. Il était là-bas parce qu'ils avaient également une empreinte aux Jeux olympiques. De nombreuses entreprises américaines travaillaient là-bas grâce aux clients. Des entreprises comme McDonald's et AMEX et d'autres entreprises dont nous faisions la publicité pour les Jeux olympiques. Par conséquent, de nombreux responsables américains de la sécurité travaillaient là-bas, y compris nous.

Grâce à mes exercices rigoureux et à mon dévouement à mon bien-être physique, j'étais de retour en forme. J'étais fier des progrès que j'avais réalisés. La réaction de mon collègue n'était pas rare. De nombreux amis et connaissances qui ne m'avaient pas vu depuis des années ont été surpris par ma transformation. Ils étaient émerveillés de voir à quel point j'avais l'air différent et à quel point j'avais l'air plus sain et plus dynamique.

Mais pour moi, la transformation physique allait au-delà de la simple esthétique. Il s'agissait de reprendre le contrôle de mon corps et de ma santé. Il s'agissait aussi de me sentir fort et confiant dans ma peau. Alors que je continuais à me dépasser au gymnase, je sentais mon estime de soi grandir de jour en jour. Bien entendu, le processus ne s'est pas déroulé sans heurts. C'est lors de mes intenses séances d'entraînement à Rio que je me suis blessé à l'épaule, faisant exploser ma coiffe des rotateurs. C'était un revers, bien sûr, mais bientôt, j'étais debout, prêt à être dans le domaine physique. Même avant de guérir, je suis resté fidèle à mes séances d'entraînement. J'ai adapté ma routine pour m'adapter à mon épaule en guérison. J'ai même rencontré quelques amis qui ont été choqués par ma taille lorsque je suis allé aux Jeux olympiques. Je recevais de gentils commentaires de leur part comme : « Mec, oh ! Tu es fantastique. Alors, continue à faire ce que tu fais. C'est ainsi qu'une petite salle de sport à Rio a changé ma vie de façon permanente.

Chapitre 12 : Le nouveau prince de Puyallup

Je n'avais aucun projet pour le nord-ouest du Pacifique ou ailleurs à mon retour du Brésil à la fin des Jeux olympiques fin août. Mon projet initial après avoir quitté Dixie Brands était de devenir conférencier et de partager mes connaissances acquises en travaillant dans l'industrie du cannabis. Mais avant de pouvoir commencer ce nouveau projet, on m'a demandé de participer à des vacances bien méritées qui se sont présentées à moi.

Mon ami Ed Elinan et sa famille m'ont invité à les rejoindre lors d'un voyage au Pérou. L'idée de m'évader et de passer du temps avec des amis proches était exactement ce dont j'avais besoin après l'intensité de mon travail.

De plus, ma première relation après le divorce a eu lieu à Denver. C'était une femme phénoménale, bien que beaucoup plus jeune que moi. Nous sommes sortis ensemble pendant environ six mois et elle a tout simplement disparu de ma vie. Nous nous sommes rencontrés début 2016 lorsque j'ai déménagé de Denver pour m'installer à proximité d'Aurora, au Colorado, qui est une banlieue proche de Denver. Elle était barman dans l'un de mes repaires locaux dans la région de Denver et était une passionnée d'entraînement comme moi. C'est probablement pour cela que nous étions mutuellement attirés l'un par l'autre, mais je suppose que ce n'était pas censé l'être. Je lui souhaite certainement bonne chance, où qu'elle soit ! Alors, avec impatience, j'ai accepté de rejoindre les Elinans.

Après quelques mois de détente et de regroupement à Denver, je me suis retrouvé à monter à bord d'un avion pour le Pérou juste après Noël. Ed et moi travaillions ensemble depuis des années. Depuis le milieu des années 90, il est devenu pour moi une sorte de famille. Il m'invitait à le rejoindre, lui et sa famille, au Pérou depuis des années. À chaque fois, j'étais d'accord mais je ne faisais jamais vraiment le voyage. Finalement, après des années à dire oui sans jamais y aller, j'ai décidé d'aller jusqu'au bout. J'ai pris l'avion pour le Pérou pour passer du temps avec eux. J'avais envie d'une pause et d'un peu de détente. Le vol a atterri à Lima et de là, je me suis dirigé vers le sud jusqu'à une plage sereine. Le trajet vers le sud de Lima a duré environ une heure et j'étais bientôt dans leur propriété familiale. L'endroit était vraiment sublime. C'étaient mes premières vraies vacances depuis plusieurs années. J'en avais plus besoin que je ne le pensais.

La famille Elinan était plutôt accueillante et hospitalière. Ed et sa famille étaient des hôtes parfaits. Son épouse, Karen, et son fils, David Maximillian Elinan, m'ont accueilli à bras ouverts. C'était un changement rafraîchissant par rapport au stress intense du travail que j'avais vécu. Ils ont veillé à ce que je me sente chez moi et que je sois inclus dans leurs activités. Nous prenions nos repas ensemble et racontions nos histoires personnelles. Dans l'ensemble, nous avons simplement apprécié la compagnie de chacun, sans aucune hésitation ni formalité. David, que j'avais vu grandir, m'appelait « tío », ce qui signifie oncle en espagnol. J'étais heureux de le revoir et de passer du temps avec lui et le reste de la famille. Ils avaient une belle configuration et la plage n'était qu'à quelques pas.

Le calme de la plage m'a permis de réfléchir profondément aux hauts et aux bas de ma vie. Même les épreuves que j'avais affrontées et les transformations que j'avais subies étaient toujours dans mes pensées. Tout cela s'est déroulé dans mon esprit comme un film ou un film. Les changements physiques et mentaux que j'ai vécus ont été importants. Il n'y a rien de mieux que le bruit des vagues de l'océan.

De plus, le sable moulant qui enveloppait chaleureusement mes pieds et la compagnie facile de bons amis m'ont fourni un répit. Ce fut un moment de réflexion et de guérison. J'ai eu l'occasion de reprendre mon souffle et de réfléchir à ce qui m'attendait. C'était à la fois relaxant et amusant. J'ai passé mes journées à profiter du soleil sur la plage et du temps chaud.

L'un des moments les plus mémorables a été le réveillon du Nouvel An. Les Elinan ont organisé une fête fantastique directement sur la plage. Ils avaient une belle structure construite spécialement pour de tels rassemblements, et nous avons dansé, mangé et célébré jusqu'aux premières heures du 1er janvier 2017. Passer le réveillon du Nouvel An et la première semaine de janvier 2017 sur les plages du Pérou était comme une thérapie pour mon âme après cette tentative de suicide et ces jours de dépression.

Cette nuit-là fut particulièrement spéciale. Entouré de toute cette joie et de tous ces rires, j'ai ressenti du contentement. C'était un contraste énorme avec la tourmente et le stress que j'avais vécus ces dernières années.

À la fin, j'ai eu tellement de soleil que j'ai fini par avoir un coup de soleil. C'était quelque chose qui ne m'arrivait pas souvent. Ils m'ont taquiné à ce sujet en disant : « Le soleil te fait du bien ! » Lors de mon dernier jour là-bas, Ed m'a dit : « Va le chercher. » Il a dit cela particulièrement parce que c'était un dimanche et, bien sûr, mon dernier jour. Avant de rentrer à Denver, je me suis regardé dans le miroir et j'ai vu que ma peau pèle. Et en fait, je pelais comme une orange.

Mais le jus en valait la peine.

Quand je suis revenu à Denver en janvier 2017, j'étais en pleine mutation. J'essayais de déterminer mon prochain mouvement. J'ai passé du temps à me détendre, toujours au sommet de mes vacances au Pérou, lorsque mon bon ami Bryan m'a appelé. Bryan avait une offre pour moi qui allait bientôt changer mes plans. Il a dit : « Hé, Sy, j'ai une équipe de protection qui arrive. Seriez-vous intéressé à nous aider en tant que chef d'équipe et à gérer les détails à Portland ? » Sans trop de réticence, j'ai accepté. J'avais besoin de quelque chose sur quoi me concentrer, quelque chose qui me fasse avancer à nouveau. J'ai donc fait mes valises et pris l'avion pour Portland en janvier 2017 pour assumer ce nouveau rôle. Le détail était intense, mais je l'ai apprécié. C'était ce que je connaissais le mieux, et c'était bien de revenir dans le secteur de la protection.

Nous avons travaillé avec de gros clients et les détails se sont bien passés. Cela faisait du bien de faire à nouveau partie d'une équipe. Le travail m'occupait et me distrayait, ce qui était exactement ce dont j'avais besoin à ce moment-là. Je suis resté à Portland, travaillant sur ce détail jusqu'à ce qu'il se termine en mai 2017.

Alors que je me préparais à retourner à Denver, Bryan m'a proposé une offre. Il m'a demandé si j'envisagerais de venir dans la région de Seattle pour l'aider, lui et sa femme, Katherine

Fath, également connue sous le nom de Dr Katherine Martin, à gérer leur entreprise. Ma relation venait de se terminer et, comme vous le savez déjà, cela m'a blessé et brisé.

Cette fissure était quelque chose que je devais combler, et donc si elle n'avait pas pris fin, j'aurais pu rester à Denver. Cependant, j'avais besoin de m'éloigner. J'ai donc accepté l'offre de Bryan et j'ai déménagé à Washington. C'était un nouveau départ à bien des égards. Travailler avec Bryan m'a donné un sentiment de détermination et de stabilité pendant une période mouvementée de ma vie.

Les choses ont commencé sur une bonne note lorsque j'ai déménagé à Washington pour travailler avec Bryan. Nous nous en sortions bien dans le secteur du cannabis avec plusieurs clients. Nos principaux clients se trouvaient à Tacoma, dans l'État de Washington, où nous assurions la sécurité de plusieurs installations de production de cannabis. Ces installations étaient impliquées dans tout, de la fabrication de produits à base de cannabis à la culture des plantes de marijuana elles-mêmes. Notre activité était florissante et nous avions un impact significatif sur la sécurité de ces opérations.

Cependant, les choses ont changé lorsque notre plus gros client a dû restructurer ses finances. Cette restructuration signifiait qu'ils ne pouvaient plus se permettre nos services dans leurs trois installations principales. Cela a été un coup dur pour nous car ils constituaient notre plus grande source de revenus. La perte de ce client a eu un effet domino sur notre activité. Nous avons dû licencier plusieurs employés parce que nous n'avions tout simplement pas assez de travail pour les garder employés.

Laisser partir les gens n'est jamais facile. Ce fut un processus douloureux pour Bryan et moi. C'étaient des personnes avec qui nous avions travaillé en étroite collaboration et qui faisaient désormais partie de notre équipe et de notre vie quotidienne. C'était dur de les regarder dans les yeux et de leur dire qu'on n'avait plus de travail pour eux. Il ne s'agissait pas seulement d'affaires. Il s'agissait des liens personnels que nous avions noués et de la responsabilité que nous ressentions envers nos employés. Ça faisait mal de les voir partir. C'était une représentation de la volatilité de l'industrie dans laquelle nous évoluions.

La perte de notre plus gros client a été un coup dur pour notre entreprise. Cela n'a pas seulement affecté les finances, mais aussi le moral de l'équipe. Nous misions sur le succès de notre travail, et ce revers a été comme un coup de poing dans le ventre. Nous avons travaillé très dur pour établir ces relations et fournir des services de sécurité de haute qualité. Voir tout cela disparaître était dévastateur !

Personnellement, cette période a été particulièrement éprouvante pour moi. Je faisais déjà face aux conséquences émotionnelles de ma récente rupture, de ma tentative de suicide et de ma dépression. Cet échec professionnel n'a fait qu'ajouter à mes sentiments de blessure et de désespoir. J'avais l'impression que je ne pouvais pas faire de pause. J'ai essayé d'attirer davantage d'entreprises pour compenser la perte, mais ce fut une bataille difficile. Le stress et la pression étaient immenses. Sans surprise, cela a eu des conséquences néfastes sur ma santé mentale.

Il fait très gris et il pleut à Seattle en hiver. Il fait nuit tôt. Cela n'a fait qu'empirer la situation pour moi. Bryan était très positif et a déclaré : « Hé, nous pouvons continuer. Nous pouvons continuer à faire ça. J'étais découragé. J'ai réussi à dire : « Ouais, continuons à pousser. Continuons à pousser. Mais au fond, je savais que perdre ce gros client était un coup dur pour nous deux. Nous nous en sortions, mais ce n'étaient pas les revenus auxquels nous étions habitués. Si je suis honnête, nous avons gagné quelques centimes.

Ma consommation d'alcool, qui était déjà importante, s'est encore aggravée par la suite. L'entreprise souffrait, et moi aussi. Le manque de lumière naturelle et la pluie constante ajoutaient à mes problèmes. L'aura de mélancolie était suffisante pour me rendre encore plus déprimé. Et puis le stress financier ! Tout cela a contribué à ma dépression croissante. Chaque jour me paraissait plus lourd que le précédent et j'avais de plus en plus de mal à rester motivé. Le ciel gris dehors semblait s'infiltrer dans mon esprit. Ils ont obscurci mes pensées et ont refroidi mon esprit.

Bryan essayait toujours de rester optimiste. Il nous a toujours encouragés. Cependant, d'un autre côté, je ne pouvais pas abandonner ce sentiment de désespoir. La pression de maintenir l'entreprise à flot, combinée à mes difficultés personnelles, me paraissait écrasante. Les nuits étaient les plus difficiles. Je m'asseyais seul avec une bouteille de boisson à la main et essayais d'étouffer le bruit dans ma tête. L'alcool était une évasion temporaire, mais cela n'a jamais vraiment aidé. Cela a juste engourdi la douleur pendant un moment, pour ensuite qu'elle revienne avec tristesse le lendemain. Comme je l'ai mentionné plus tôt, nous avons dû laisser partir plusieurs personnes. Et c'était sans doute le plus difficile. Dire à quelqu'un qu'il n'a plus de travail, même si l'on sait qu'il dépend de ce revenu, peut être déchirant. Cela a ajouté à mon sentiment d'échec et de désespoir. Le stress et l'anxiété constants ont commencé à affecter ma santé. Je ne dormais pas bien et mon corps avait l'impression de fonctionner à vide. Les journées grises interminables à Seattle semblaient s'étendre sur une éternité. L'avenir semblait aussi sombre que l'hiver de Seattle.

J'étais coincé dans un cycle de désespoir dont je ne pouvais pas me libérer.

Il y avait des moments où je regardais les rues détrempées par la pluie et me demandais comment les choses avaient si mal tourné. Le sentiment de perte, tant personnel que professionnel, était écrasant. Je me sentais déconnecté de tout et de tout le monde, y compris moi-même. La lutte pour continuer et continuer à pousser était désormais comme une bataille perdue d'avance. Chaque jour nous rappelait ce que nous avions perdu et jusqu'où nous étions tombés.

Les hivers gris et pluvieux de Seattle restaient insupportables. On dit que de nombreuses personnes souffrent de dépression dans cette région en raison du manque de soleil et de pluie constante. Je ne faisais pas exception. Ma santé mentale s'est enfoncée encore plus dans le désespoir à mesure que les jours devenaient plus sombres et plus froids. Même si certains pourraient appeler cela une dépression saisonnière, pour moi, il s'agissait d'un combat qui durait toute l'année et qui ne faisait que s'intensifier pendant les mois d'hiver. Ma consommation d'alcool a continué sans relâche. L'alcool offrait un soulagement temporaire, mais il ne suffisait jamais à combler le vide intérieur.

Pendant cette période, je visitais fréquemment les bars et autres lieux similaires. L'un d'eux était le HG Bistro, qui était un lieu de prédilection local. J'y étais un habitué et j'étais connu de beaucoup. Le chef, les barmans et les serveurs étaient tous des visages familiers. Un barman, en particulier, a pris l'habitude de m'appeler le « Prince frais de Puyallup ». Elle disait : « Sy, tu es si dynamique » et que je ressemblais au personnage emblématique de la série télévisée « Le Prince de Bel-Air », celle dans laquelle Will Smith jouait. Elle en a parlé une fois : "Ouais, tu es comme le nouveau prince de Puyallup." Tout le monde trouvait ça drôle. Le surnom est resté et bientôt, tout le monde dans le bar m'a connu comme le Prince Frais de Puyallup.

Chapitre 13 : Le bonheur dans la patience

Ces jours-là, je n'ai jamais manqué une séance d'entraînement, mais je me sentais isolé et j'avais envie d'être plus proche de ma famille à ce moment-là. C'était dur, même si je vivais chez de très bons amis, que je considère désormais comme ma famille. Je me sentais toujours isolé parce que le nord-ouest du Pacifique est très éloigné de l'endroit où se trouvaient les membres de ma famille. Personne n'était même près d'être dans le nord-ouest du Pacifique. Le sentiment de séparation était profond. Mes amis de Seattle m'ont soutenu et j'ai apprécié leur compagnie. Cependant, la distance physique avec ma famille était insupportable. Chaque fois que je regardais le calendrier et réalisais qu'une autre fête ou un événement important approchait, la peur de rater ces moments avec ma famille devenait plus intense.

Par conséquent, c'était parfois sombre. Je me suis souvent retrouvé à penser à mon fils et à combien je voulais être là pour lui, pas seulement pour ses matchs de football mais aussi pour les moments de tous les jours. Je me dépêchais d'aller et venir de Seattle à Pittsburgh pour le voir jouer au lycée, puis au football universitaire. Du coup, je prenais beaucoup l'avion pour essayer d'être là pour lui. L'effort pour être présent à ses matchs était éprouvant, tant financièrement qu'émotionnellement. Avec les longs vols et les rotations rapides, j'étais toujours fatigué. Je me suis efforcé de participer à autant de matchs que possible, sachant à quel point ma présence était importante pour lui et combien j'appréciais ces moments. Je n'ai pas pu participer à tous les matchs juste à cause de la distance, mais j'ai participé à beaucoup de ses matchs.

C'était difficile d'être si loin. La séparation d'avec ma famille signifiait aussi passer à côté des petites choses qui rendent la vie spéciale. Cet isolement apportait une tristesse et un désir difficile à briser.

Vivre dans le nord-ouest du Pacifique, si loin de ma famille, c'était comme être dans un monde différent. Ce fut une expérience étrange pour moi. La région me semblait si différente de tous les endroits où j'avais vécu auparavant. J'étais nerveux là-haut. Mais je savais que j'essayais d'aider mon cher ami, que je considère comme mon frère. Bryan était comme mon frère et nous étions très proches.

J'ai donc fait tout ce que je pouvais pour que l'entreprise puisse avancer. Cela devenait épuisant et je n'arrêtais pas de demander : pourquoi suis-je ici ? Parmi tous les endroits que je choisirais d'aller, pourquoi serait-ce le nord-ouest du Pacifique ? Même si je partageais un lien fort avec Bryan, la question constante dans mon esprit était de savoir pourquoi j'avais choisi d'être là. Chaque matin, en me réveillant au son de la pluie qui frappait contre la fenêtre, je me demandais ce qui m'avait poussé à venir dans ce coin de pays. Le manque de visages familiers, l'éloignement de ma famille et l'environnement étranger ont tous ajouté à mon découragement.

Aujourd'hui, même si les étés dans le nord-ouest du Pacifique offrent un contraste total avec les hivers bleus, c'est magnifique là-haut et c'est probablement le meilleur endroit où séjourner aux États-Unis car il n'est pas très humide. En fait, c'est spectaculaire. La transformation était presque magique.

En hiver, il pleuvait sans arrêt, ce qui était maussade et sombre. Mais en été, la pluie cédait la place à un ciel dégagé et toute la région prenait vie. La beauté naturelle qui m'entourait pendant ces mois était à couper le souffle. Les longues journées semblaient s'étendre à l'infini, avec le soleil brillant dans le ciel jusque tard dans la soirée. Il n'a fait nuit que vers 11 heures en raison de l'endroit où nous nous trouvions géographiquement. Nous pouvions nous asseoir dehors et on pouvait toujours voir le coucher du soleil, même si le soleil ressemblait à une orange géante.

S'asseoir dehors avec Bryan, regarder le coucher de soleil peindre le firmament dans des tons d'orange et de rose, a offert des moments de paix. C'est à cette époque que je pouvais simplement profiter du présent. La brise fraîche, la verdure et la sérénité d'un été du nord-ouest du Pacifique étaient remarquables. Pourtant, les hivers dans le nord-ouest du Pacifique étaient encore loin d'être merveilleux. Les jours raccourcissaient, le ciel devenait gris et la pluie semblait tomber sans cesse du ciel.

Je me suis retrouvé confronté aux mêmes questions auxquelles je ne pouvais pas répondre. Pourquoi Dieu m'avait-il amené à cet endroit à ce moment-là ? Qu'étais-je censé faire ici, dans cette ville si éloignée de tout et de tous ceux que je connaissais ? Les réponses m'échappaient, me glissaient entre les doigts et me laissaient à la dérive et incertain. Je ne savais pas vraiment ce que je me réservais.

Mais dans l'ambiguïté, il y avait une voix. C'était doux et doux, et il murmurait des mots d'encouragement et de réconfort. C'était comme si Dieu lui-même me parlait, me disant d'être patient et de faire confiance à son plan, même si je ne voyais pas la voie à suivre. Et donc, je me suis accroché à ces mots. J'ai gardé l'espoir que ma présence dans le nord-ouest du Pacifique avait un but, même si je ne le voyais pas encore. Ainsi, j'ai attendu avec impatience et le cœur ouvert. J'espère qu'en temps voulu, tout sera révélé.

Pendant ce temps, il y avait beaucoup de choses à régler. Dans le but de maintenir la viabilité de notre entreprise, j'essayais de faire tout ce qui était en ma capacité. Une telle opportunité s'est présentée lorsque j'ai contacté un groupe en Californie. Conscient des avantages potentiels de la collaboration, je me suis rendu dans le comté de Monterey, en Californie, où devaient se dérouler les négociations avec ce groupe. Nous avons examiné nos synergies potentielles et discuté de la possibilité d'une assistance mutuelle dans laquelle nous pourrions tous deux nous entraider. En voyageant dans le comté de Monterey, en Californie, j'ai engagé des conversations avec ce groupe. Et c'est à ce moment-là que nous avons exploré la possibilité de fusionner nos activités.

Au départ, j'étais optimiste quant à cette collaboration et je pensais que nous pourrions la faire fonctionner. Cependant, à la onzième heure, nos plans ont échoué et la fusion a été abandonnée. Nous avons simplement décidé de garder notre entreprise telle qu'elle était et d'aller de l'avant. Même si le résultat a été décevant, il a incité à réévaluer notre orientation stratégique. Ce n'était tout simplement pas censé être le cas. Rétrospectivement, l'échec de la fusion présentait des avantages inattendus. À mon retour en Californie, certains détails sur les opérations du partenaire potentiel qui étaient restés obscurs lors des premières discussions ont également été révélés. Ces révélations ont souligné les risques potentiels associés à la fusion de nos sociétés et ont montré comment nous avons pris la bonne décision.

Après l'incident, j'avais l'impression d'avoir quitté les lieux. Cependant, la vérité est que je n'ai pas démissionné de l'entreprise. J'y suis resté, même si je n'ai pas été aussi activement impliqué après la perte de ce gros contrat. Il y avait encore des opportunités et des contrats potentiels qui nous donnaient espoir, mais je ne veux pas aller de l'avant.

Donc non, je n'ai jamais vraiment démissionné d'Olympus Consulting Group. Je suis resté, essayant de faire avancer les choses. Ce n'est que plus tard, lorsque j'ai déménagé à Pittsburgh, que je suis officiellement parti. Mais c'est pour les prochains chapitres. L'important c'est que je n'ai pas abandonné l'entreprise à ce moment-là. Je suis resté et j'ai fait de mon mieux pour garantir notre réussite.

Pendant cette période, je me sentais incroyablement perdue. Mon sens du but était flou, donc je ne savais pas ce que j'étais censé faire. Boire est devenu un moyen de faire face à ce flou. Être dans un nouvel endroit où je n'étais jamais allé auparavant n'a fait qu'ajouter à ma désorientation. Malgré la beauté de la région, notamment de Seattle, qui est une ville vraiment spectaculaire, je ne me sentais pas à ma place.

J'habitais plus près de Tacoma, à environ 35 miles du centre-ville de Seattle. La beauté géologique du nord-ouest du Pacifique est indéniable. C'est une région magnifique des États-Unis. Je me suis souvent retrouvé à errer dans les rues, essayant de m'imprégner de l'ambiance et de me distraire de mes soucis. Mais même dans un environnement aussi époustouflant, j'ai lutté contre un sentiment d'inutilité. Je ne pouvais pas me débarrasser du sentiment d'être perdu et ce fut une période difficile pour moi. C'était comme si je cherchais quelque chose qui restait hors de portée.

***

À cette époque, Bryan et moi avons eu l'idée d'une émission télévisée intitulée « Pots Unknown ». Nous nous sommes inspirés d'Anthony Bourdain, le célèbre chef qui s'est suicidé. Son émission « Parts Unknown » a été diffusée sur CNN et il a voyagé dans divers endroits intéressants à travers le monde. Notre concept était similaire mais centré sur l'industrie du cannabis. L'idée était de voyager et de visiter différents établissements qui cultivaient la plante de cannabis, offrant ainsi aux téléspectateurs un aperçu de l'industrie. Et comme il s'agissait de cannabis, le jeu de mots concernait les mots « Pots » et « Parts ».

L'émission visait à présenter diverses entreprises impliquées dans le secteur du cannabis et à représenter leurs processus et leurs approches uniques. Bryan et moi étions tous les deux très enthousiasmés par ce concept. Nous pensions qu'il avait un grand potentiel et qu'il pourrait susciter beaucoup d'intérêt. Nous nous imaginions voyager dans différents endroits, interviewer des gens et présenter le monde diversifié de la culture du cannabis.

Nous avons présenté l'idée à une société de production, convaincus qu'elle verrait son potentiel. Cependant, les commentaires que nous avons reçus étaient que le nom « Pots Unknown » était trop similaire au « Parts Unknown » original d'Anthony Bourdain. Même si Anthony Bourdain était décédé, la société de production a estimé que le nom était trop proche et n'était pas intéressée à poursuivre le projet. Cela a été un revers pour nous, mais nous n'avons pas abandonné l'idée immédiatement.

Nous avons proposé le concept à d'autres partenaires potentiels et avons même sécurisé le site Web et le nom de domaine de « Pots Unknown ». Nous espérions que quelqu'un verrait la valeur de notre idée et aiderait à lui donner vie. Malheureusement, malgré nos efforts, l'idée n'a été reprise par aucune société de production. C'était décevant car nous croyions au concept et pensions qu'il pouvait réussir.

Même si le spectacle ne s'est pas concrétisé, le processus de développement de l'idée a été passionnant et revigorant. Cela nous a donné un exutoire créatif et quelque chose à espérer pendant une période difficile. Nous avons investi beaucoup d'énergie dans le projet et ce fut une expérience d'apprentissage pour nous deux. Nous avons acquis un aperçu du processus de production et des défis liés au lancement d'un nouveau spectacle.

L'idée de « Pots Unknown » reste d'une manière ou d'une autre dans mon esprit. Je pense que c'était un concept révolutionnaire qui aurait pu faire connaître l'industrie du cannabis. Le projet nous a permis de sortir des sentiers battus et d'explorer de nouvelles possibilités, même s'il n'a pas abouti. Aujourd'hui, je réalise à quel point il est important de continuer à avancer, même lorsque les choses ne se passent pas comme prévu.

Au final, « Pots Unknown » restait une idée qui pourrait être revisitée quelque part dans la lignée. L'industrie du cannabis continue de croître et d'évoluer, et il y a toujours une chance que le concept trouve son chemin vers la bonne plateforme. Pour l'instant, cela fait office de souvenir attachant. Et encore une fois, je me suis retrouvé à me demander ce que Dieu me réservait ici. J'avais l'impression de ne pas réaliser mon potentiel, mais je ne savais pas vraiment ce que je devais faire de plus. Je n'arrêtais pas de demander, *« Qu'y a-t-il de plus ? Que dois-je faire ?* Ce fut une période frustrante et déroutante. Je voulais avoir le sentiment de contribuer davantage et d'avoir un objectif clair. La question me rongeait. Cela me mettait mal à l'aise.

C'est alors qu'une opportunité s'est présentée qui semblait pouvoir tout changer. Nous avons été approchés pour travailler pour une grande chaîne d'épicerie. Ce n'était pas n'importe quelle chaîne d'épicerie. C'était l'un des plus grands de la côte ouest. Ils voulaient que nous effectuions des évaluations des menaces dans tous leurs centres de distribution. Ces centres étaient dispersés sur toute la côte ouest, de la Californie à Washington, et ce contrat aurait été un atout considérable pour nous. C'était comme la pause dont nous avions désespérément besoin.

Nous avons mis tout ce que nous avions pour préparer notre pitch. Nous savions à quel point cela était important et combien cela dépendait. Le jour venu, nous nous sommes dirigés vers leur bureau régional. Prêts avec des données, des présentations et un fort sentiment de détermination, nous sommes entrés. La présentation s'est exceptionnellement bien déroulée. Ils ont été impressionnés par nos capacités et ce que nous pouvions offrir. Il y avait une excitation et un soulagement intenses. C'était comme si tout se mettait enfin en place. Que tout le travail acharné et les luttes étaient sur le point de payer.

Cependant, alors que nous étions sur le point de décrocher ce contrat majeur, la COVID-19 a frappé. Les mesures de quarantaine sont entrées en vigueur et tout s'est arrêté. Cette opportunité qui semblait si prometteuse était soudainement menacée. Cependant, cela n'a pas été immédiat. Avant cette situation, nous célébrions notre pitch réussi ce week-end. Nous avions fait venir par avion un collègue de l'Ohio pour aider à la présentation. Après le pitch, qui s'est incroyablement bien passé, nous avons décidé de faire la fête. C'était un week-end amusant. Nous avions l'impression d'être à la veille de quelque chose de grand, quelque chose qui pourrait tout changer pour nous.

Cependant, dimanche matin, la réalité est revenue. J'ai dû ramener notre collègue à l'aéroport, mais j'avais encore la gueule de bois de la veille. Nous étions restés éveillés jusqu'à environ quatre heures du matin, profitant de ce que nous pensions être une victoire majeure pour notre entreprise. La célébration avait été une façon de se défouler et de profiter du moment présent.

J'avais la tête qui tournait ce matin-là pendant le trajet vers l'aéroport alors que je me dirigeais dans la circulation matinale. Ainsi, j'avais encore la gueule de bois lorsque je l'ai emmené à l'aéroport. Lorsque j'ai déposé notre collègue à l'aéroport, nous avons échangé nos adieux. Après l'avoir déposé, j'ai décidé de m'arrêter dans quelques bars sur le chemin du retour. Ce soir-là, le 1er mars, les choses ont empiré lorsque j'ai été arrêté par la police.

Alors que je conduisais, un jeune enfant dans un véhicule blanc est arrivé à ma droite. Nous approchions d'un pont. Eh bien, ce que nous pourrions dire, c'était quelque chose comme un pont, et la voie de droite était fermée pour des travaux. Le gamin m'a contourné par la droite, puis s'est brusquement engagé sur la voie de gauche et a freiné. Je n'ai pas eu le temps de réagir et j'ai fini par heurter l'arrière de leur voiture. Cependant, cela n'a pas été un coup dur, car aucun airbag n'a été déployé. Les deux véhicules ont néanmoins été endommagés. C'est à ce moment-là que la police m'a arrêté. Se faire menotter était une expérience humiliante. Je suis fier d'être un chauffeur professionnel. J'étais instructeur d'auto-école en Europe, entraînant les gens à conduire des voitures, des bus et des véhicules de transport militaire comme deux et demi. J'avais conduit des cortèges de dignitaires, agissant à la fois comme conducteur principal et comme conducteur suppléant. Mes compétences de conduite étaient pour moi un point d'honneur. Me retrouver dans une situation où j'avais frappé quelqu'un, en particulier de jeunes enfants, était dévastateur.

Le conducteur de l'autre véhicule n'avait que 19 ans et était probablement encore un conducteur relativement nouveau. Quelles que soient les circonstances ayant conduit à la collision, il n'en demeure pas moins que je les ai heurtés par derrière. Dans toute collision arrière, le conducteur qui heurte l'autre véhicule est généralement responsable, quelle que soit la situation. Cette connaissance a ajouté à ma déception et à ma frustration envers moi-même.

Alors que j'étais assis là, menotté, je ne pouvais pas m'empêcher de repenser les événements dans mon esprit. Je m'étais toujours considéré comme un conducteur responsable et compétent, et pourtant, je me trouvais dans une situation qui contredisait cette croyance. C'était une pilule amère à avaler, sachant que mes actions avaient conduit à ce résultat. Mon impression de professionnalisme et d'intégrité dans mes capacités de conduite s'est sentie brisée.

La police a recueilli les informations nécessaires et j'ai dû faire face aux conséquences de mes actes. L'incident a été un dur souvenir : peu importe le niveau de compétence ou d'expérience d'une personne, un moment de manque de jugement ou de malchance peut avoir des répercussions. Les inconvénients de l'alcool au volant étaient particulièrement évidents dans la situation. L'expérience a donné à réfléchir à plus d'un titre. Cela m'a obligé à me confronter à la réalité de mon état. Je ne peux m'empêcher de ressentir un profond sentiment de regret. La soirée qui avait commencé par de doux moments entre amis s'est terminée par une réflexion sur la nécessité de changer. Tout cet incident m'a profondément secoué. Le Dr Katherine Martin, également connue sous le nom de Dr Katherine Fath, est venue me sauver. J'ai été en prison pendant environ deux heures, mais cela m'a semblé une éternité. Ces deux heures ont été largement suffisantes pour me faire prendre conscience de la gravité de ma situation. Lorsqu'elle m'a renfloué, elle m'a fait un sermon sévère sur mes responsabilités.

Elle avait absolument raison de le faire. Katherine est comme ma petite sœur, même si elle est la femme de Bryan. J'ai toujours tenu profondément à Bryan et à elle. Ses paroles m'ont touché parce que je savais que j'aurais dû être plus responsable. Elle avait raison de me donner du fil à retordre et j'avais besoin de l'entendre.

Cette nuit-là, je lui ai fait une déclaration audacieuse. Je lui ai dit que je ne boirais plus jamais. Elle m'a regardé, quelque peu sceptique, et a ri un peu. Elle connaissait mes habitudes et pensait probablement que c'était une réaction excessive. Mais ensuite, elle a partagé avec moi des informations précieuses. En tant qu'oncologue et médecin, elle m'a dit : « Sy, si vous envisagez sérieusement d'arrêter de boire, la couleur de votre peau va changer. Vous allez avoir l'air différent.

Elle m'a expliqué que j'avais l'air rouge, gris et cendré chaque matin après avoir bu de la vodka, ce qui faisait des ravages dans mon système. Ses paroles portaient sur une expertise médicale et des soins personnels. Elle a déclaré : «

Toutes vos perspectives en matière de santé vont changer. Votre peau s'éclaircira, vous aurez meilleure mine et vous vous sentirez beaucoup mieux.

Elle avait tout à fait raison. Ses conseils et la gravité de la situation m'ont fait prendre conscience de l'importance de ses propos. Quand elle est venue me sauver, elle est apparue comme un ange. J'étais incroyablement reconnaissant pour son aide. Ils pensaient probablement que j'allais rester coincé en prison pendant un certain temps, sans personne pour me sortir d'affaire.

Mais elle l'a fait, et je lui en serai toujours reconnaissant. Je tiens Katherine et Bryan en la plus haute estime. Ils sont aussi proches de moi que mes propres parents. Cette nuit a été un tournant dans ma vie. J'ai arrêté de boire et je n'ai jamais regardé en arrière depuis.

La voir m'attendre à l'extérieur de la prison a été un profond soulagement. Sa présence signifiait tout pour moi à ce moment-là. Il était clair qu'elle et Bryan se souciaient sincèrement de mon bien-être. Leur soutien et la dure réalité de ma situation m'ont fait réaliser que je devais opérer un changement sérieux. Les mots qu'elle a prononcés sur ma santé n'étaient pas de simples conseils médicaux. C'était un signal d'alarme.

La décision d'arrêter de boire n'a pas été facile. Mais avec la confiance de Katherine, j'ai trouvé la force de m'y tenir. Alors que j'adoptais la sobriété, je me suis tourné vers la Bible de ma mère et j'ai commencé à la lire le soir même. C'était comme si un profond changement s'était produit en moi. À cette époque, tout le monde autour de moi ne comprenait pas l'importance de ma vocation car je n'en étais pas pleinement conscient moi-même. Les changements que je subissaient étaient des choses auxquelles personne, moi y compris, n'était préparé.

En raison de l'incident de DUI, j'ai dû subir une évaluation de drogue et d'alcool. Lors de ma première séance avec l'un des conseillers, j'ai ressenti une envie irrésistible de parler de ma tentative de suicide passée. C'était la première fois que j'en parlais. Le moment où je l'ai laissé échapper a été incroyablement émouvant et je crois que cela a profondément ému le conseiller. Il m'a écouté attentivement et après avoir évalué mes réactions et mes réponses, il m'a dit qu'ils ne pensaient pas que j'étais alcoolique. Cependant, quelle que soit son évaluation, j'ai insisté sur le fait que je l'étais. Le fait de partager mes secrets les plus sombres semblait avoir grandement réchauffé le conseiller. Je ne comprenais pas ce qui m'avait poussé à révéler une partie aussi personnelle et douloureuse de mon passé, mais j'ai ressenti une intervention divine. C'était comme si Dieu me poussait à commencer à en parler. J'ai commencé à réaliser que l'incident de 2015, que j'avais enfoui au plus profond de moi, devait être abordé.

Dieu a semblé me faire comprendre que l'événement survenu dans mon bureau en 2015 n'était pas quelque chose à cacher. Il m'a confirmé que c'était bien Lui présent à ce moment-là. Pendant très longtemps, j'avais gardé cette journée sous clé, dans l'espoir de ne jamais y revenir ni en discuter. Mais maintenant, j'avais l'impression que Dieu me persuadait de le faire remonter à la surface et d'y faire face.

Après cette prise de conscience, ma vie a complètement changé. J'ai commencé à écrire sur mes expériences et à en parler ouvertement. Il y avait en moi un nouveau courage pour dire la vérité et discuter de ce qui s'était passé. Cette altération m'a permis d'enfin affronter et traiter le traumatisme de cette journée à Denver le 18 avril 2015.

Lire la Bible de ma mère est devenue une pratique quotidienne. Les mots m'ont apporté réconfort et clarté. Chaque passage que je lisais était comme un message délivré juste pour moi. J'ai commencé à comprendre la profondeur de ma vocation. Je pouvais voir l'itinéraire que je devais suivre. Plus je lisais, plus je ressentais un lien avec quelque chose de plus grand que moi. Ce voyage spirituel a fait partie intégrante de mon rétablissement.

Les séances avec la conseillère se sont poursuivies et à chaque fois, il m'a été plus facile de parler de mon passé. L'empathie et la compréhension du conseiller m'ont fourni un espace sûr pour me décharger des fardeaux que je portais. Partager mon histoire est devenu une thérapie, m'aidant à guérir de l'intérieur. Parler de ma tentative de suicide, c'était comme si un barrage avait éclaté. Et avec cela, cela avait libéré toutes les émotions refoulées qui me retenaient. J'ai commencé à voir l'importance d'affronter directement mes démons au lieu de les enterrer. Cette ouverture a apporté une libération que je n'avais jamais connue auparavant.

L'incident de DUI, bien qu'il s'agisse d'un point bas, m'a obligé à demander de l'aide et à faire face à mes problèmes. Je suis redevable à l'intervention de Dieu et du conseiller. Dieu m'a aidé à voir la lumière dans les moments les plus sombres et le conseiller est devenu ma source.

Au cours de cette période de transformation du mois de mars, j'ai vécu une série de prémonitions, mais l'une d'entre elles s'est clairement démarquée. Cela s'est produit lors d'un voyage en Afrique du Sud dans le cadre d'un effort philanthropique important. Le dimanche, notre groupe avait l'occasion d'assister aux services religieux et la diversité confessionnelle parmi nos membres était frappante. Alors que certains étaient baptistes et d'autres catholiques, je me suis identifié comme presbytérien et j'ai assisté aux services avec d'autres membres presbytériens.

***

Durant cette période du mois de mars, j'avais toutes ces prémonitions. Quelque chose de remarquable s'est produit lors d'un service particulier dans une grande église presbytérienne de Johannesburg, en Afrique du Sud. Nous voyagions le dimanche et les membres étaient avec nous. Ils allaient au culte et accomplissaient des services religieux. Il y avait beaucoup de membres de différentes pratiques. Certains d'entre eux étaient baptistes, d'autres catholiques et j'étais presbytérien. Donc, j'allais à un service presbytérien avec d'autres membres de cette église. C'était peu de temps après que les États-Unis aient déclenché la guerre contre l'Irak. C'était vers 2002 ou 2003. En écoutant le ministre prononcer le sermon, j'ai eu une prise de conscience réfléchie. C'était moi, debout à la chaire, prononçant le sermon. Ce rêve semblait incroyablement réel et percutant, me laissant trempé de sueur au réveil. La puissance de l'expérience est restée longtemps après. Cela a suscité une crainte en moi.

Ce rêve semblait presque prophétique et prolifique. Des années plus tard, je me suis retrouvé à prêcher régulièrement dans diverses églises. C'était comme si le rêve avait prédit mon avenir si j'étais resté engagé dans la voie que Dieu avait prévue pour moi. Il m'a guidé vers la sobriété et une vie juste. Cela m'amène à marcher dans l'obéissance à Sa volonté. Ce beau rêve était comme si j'avais entrevu l'imminence où mon objectif s'était réalisé.

Pendant cette période de croissance et de transformation, j'ai commencé à approfondir la Bible plus sérieusement que jamais. Même si je possédais une Bible depuis un certain temps, je ne m'étais pas vraiment intéressé à ses enseignements jusque-là. C'était comme si Dieu avait enfin capté mon attention, m'amenant à plonger dans sa parole avec une nouvelle ferveur. Avec le recul, j'imagine que Dieu a dû être amusé par ma dévotion.

Après des années d'exploration spirituelle, il semblait que j'avais enfin trouvé le chemin qu'il m'avait tracé. Eh bien, si vous demandez, je suis sûr que Dieu riait vraiment. Il devait rire, ou du moins c'est ce que cela me vient à l'esprit. Il doit dire que j'ai enfin réussi à mettre la main sur ce type après toutes ces années. C'est comme ça que je pense. Je crois que Dieu était plutôt satisfait de mes progrès.

Chapitre 14 : Foi et amitié

J'étais maintenant intrigué par les énergies divines de Dieu. J'ai donc décidé de m'inscrire à des cours de séminaire et d'aumônerie. Cependant, je n'avais pas les moyens de fréquenter un séminaire ou une école théologique prestigieuse. Les cours en ligne étaient donc ma seule option. Ma situation financière n'était pas très satisfaisante et je ne pouvais pas me permettre de telles écoles traditionnelles. On ne peut avoir une idée de ma situation qu'en sachant que je vivais chez des amis. Quelles que soient les limites, j'ai choisi de ne pas tergiverser ma décision et de tout donner. Je me consacrais entièrement à mes études. La période de quarantaine a été l'occasion idéale de se concentrer. J'étais constamment absorbé par mes études et mes cours pendant douze à quatorze heures par jour. Je voulais obtenir mes diplômes et devenir aumônier.

Personne n'aurait pu deviner, grâce à mon dévouement, que je participais à un simple programme en ligne. Je m'en fichais s'ils étaient en ligne. Je voulais avoir un impact, c'est pourquoi je les ai approchés avec le même enthousiasme que j'aurais donné à n'importe quel programme dans un environnement physique ou hors ligne. Pour d'autres, il s'agissait peut-être simplement d'un cours aléatoire, mais pour moi, l'obtention de mes diplômes n'était pas quelque chose que je pouvais prendre à la légère. Je les désirais tellement que je n'ai pas laissé mon manque d'argent l'empêcher. Au contraire, cela a plutôt bien fonctionné pour moi.

Ma décision a été si rapide que je pense que même Dieu n'a pas spéculé là-dessus. En fait, j'avais l'impression que Dieu aurait pu être agréablement surpris par ma décision de m'inscrire. Bien sûr, je dis cela avec une touche d'humour, et cela ne doit pas être confondu avec un blasphème. Je savais que Dieu était au courant de toutes mes actions. Cependant, il semblait que ma décision avait pris tout le monde au dépourvu. J'étais le genre de personne qui prenait souvent les gens par surprise. Et lorsque j'ai choisi cette voie vers le ministère, la situation n'était pas très différente. Certains de mes amis et membres de ma famille avaient reconnu que j'allais dans cette direction. Pourtant, beaucoup ont été surpris et ne s'attendaient pas à un tel comportement de ma part. Honnêtement, j'étais susceptible d'un changement aussi brutal car cela correspondait à mon caractère. J'étais le genre de personne qui aimait étonner les gens. De la même manière, ma décision de devenir ministère n'était pas quelque chose que les gens attendaient. C'est donc devenu la partie la plus mémorable de ma vie et cela a changé ma vie.

Pendant ce temps, ma chère amie Stacy Lollis m'a aidé. J'ai rencontré Stacy alors qu'elle servait à table dans un endroit appelé Ram Restaurant and Brewery. C'était une brasserie et un restaurant où j'allais souvent boire. J'ai visité l'endroit avec mon ami. J'ai été frappé par sa beauté dès que je l'ai vue. Elle était absolument magnifique ! L'image m'est restée, mais son attrait va bien au-delà de son apparence physique. Ce qui m'a attiré vers elle, c'est son esprit et sa beauté intérieure, qui rayonnaient d'un charme irrésistible.

Cependant, nous n'avons pas fait connaissance lors de cette première rencontre. Nous sommes devenus familiers mais ne connaissions pas la véritable personnalité de chacun.

Ce n'est qu'après la quarantaine que nous nous sommes rapprochés.

Avant la pandémie, nous nous entraînions tous les deux dans le même gymnase. C'est lorsque les salles de sport ont fermé leurs portes que nous avons véritablement connecté. Mon copain Bryan, avec qui je vivais à Washington, avait construit une salle de sport dans son garage. En plaisantant, je l'ai appelé l'Arche de Bryan. C'était une allusion à Noé de la Bible en raison de son zèle à créer cette réserve. Lorsque toutes les salles de sport ont fermé à cause de la pandémie, nous avons commencé à nous entraîner dans son garage, et c'est lors de ces séances que Stacy a commencé à nous rejoindre. Ce fut le tournant où nous nous sommes vraiment liés, car nous avons passé plus de temps ensemble, et elle a commencé à s'ouvrir à moi, partageant sa propre histoire de vie.

Stacy a sa propre histoire, riche d'expériences. Sa vie est remplie d'événements et de défis uniques, et c'est quelque chose qu'elle a beaucoup partagé avec moi. A travers ces échanges, j'ai développé des sentiments profonds pour elle. Je l'aime vraiment et elle le sait, mais nous ne sommes que amis. Cette dynamique a été pour moi un point de croissance important.

En général, je l'aurais draguée. Cependant, avec Stacy, je comprends notre objectif dans la vie de chacun. Cette compréhension a permis à notre amitié de s'épanouir. C'est un lien spécial où elle est avant tout mon amie et je respecte les limites et les rôles que nous jouons dans la vie de chacun. Cela a été pour moi une amitié de maturité, où j'ai reconnu la valeur d'une relation platonique avec quelqu'un qui me tient profondément à cœur.

Notre relation reste unique et profondément particulière. Notre lien reste fort même si nous ne nous rencontrons plus aussi souvent qu'avant. La place qu'elle a dans mon cœur ne lui est réservée. C'est irremplaçable.

Bien que ma famille soit extrêmement importante pour moi, Stacy est la seule amie avec qui je me sens tout à fait à l'aise pour tout partager. Dans le passé, j'étais réservé et je gardais souvent mes sentiments et mes émotions pour moi. Mais avec Stacy, je peux exprimer mes pensées les plus personnelles sans hésitation. Elle m'a fourni un espace sûr pour être vulnérable tout en m'écoutant sans jugement.

J'ai ouvert mon cœur et j'ai versé mon âme en elle d'une manière que je pensais impossible. Cela m'a changé de l'intérieur. Ainsi, le sujet a commencé à devenir incroyablement intense lorsque je suivais mon cours d'aumônerie. Il y avait une section qui traitait du processus de deuil et de la façon de gérer la perte. Dans cette partie du cours, nous avons abordé les cinq étapes du deuil, qui sont le déni, la colère, le marchandage, la dépression et enfin l'acceptation.

Le cours exigeait que je m'engage dans ces concepts à un niveau très personnel. Les cours m'ont forcé à revisiter mes propres expériences de perte, en particulier le décès de mon père et de mon beau-père. Cette introspection a rendu le processus d'apprentissage lourd et éprouvant sur le plan émotionnel.

L'instructeur a souligné que la nature du travail d'aumônerie est intrinsèquement difficile en raison de son association étroite avec les hospices et les établissements de traitement du cancer, où dire au revoir aux patients mourants fait régulièrement partie du travail.

L'instructeur m'a dit que les aumôniers doivent avoir ce qu'ils appellent une « âme amie ». Cet ami de l'âme est quelqu'un qui peut apporter son soutien et quelqu'un à qui vous pouvez vous confier et sur qui vous pouvez vous appuyer lorsque le fardeau émotionnel devient trop lourd. Ce concept reconnaissait que les aumôniers et les ministres sont humains et sensibles aux conflits émotionnels, même si leur travail exige de la force.

Dès que l'instructeur a mentionné le besoin d'une âme amie, j'ai immédiatement su qui était la mienne. Sans aucun doute, je me suis tourné vers Stacy. Notre relation a toujours été exclusivement solidaire et compréhensive. Comme je l'ai mentionné plus tôt, je peux tout lui dire et elle est toujours là pour écouter sans jugement. Je joue le même rôle pour elle. En tant qu'habituée de son restaurant, Stacy m'avait fréquemment servi et avait été témoin de mes habitudes de consommation d'alcool. Elle a probablement pensé : « Wow, ce type sait vraiment boire », car je me laissais souvent aller à beaucoup de choses. Même après avoir vu ce côté moins flatteur de moi, Stacy n'a pas jugé. Au lieu de cela, elle a observé et pris note de qui j'étais à cette époque. Cette familiarité avec mes anciennes habitudes rend son point de vue sur ma sobriété encore plus personnel. Elle a été témoin de toute ma transformation d'un gros buveur à quelqu'un qui a abandonné l'alcool.

En fait, Stacy n'a pas seulement vu ma transformation. Elle l'a activement soutenu. Quand j'ai décidé d'arrêter de boire, elle était là pour m'encourager. Même si j'ai été marié et divorcé deux fois, je n'ai jamais pu communiquer aussi ouvertement avec mes anciennes épouses. Pour une raison ou une autre, j'ai toujours gardé les choses sous contrôle. Avec Stacy, cependant, comme je l'ai dit, c'était différent. Je me sentais libre de partager ce que j'avais vraiment en tête et dans mon cœur. Son soutien n'était pas quelque chose que j'avais connu auparavant.

Stacy a été vraiment bouleversée lorsqu'elle a découvert que j'étais dans un refuge pour sans-abri, d'autant plus que je ne lui ai dit qu'après mon départ. J'avais honte et je gardais le secret pour la plupart des gens, je n'en informais que ma famille immédiate. Sa déception face à mon secret m'a amené à être ouvert et honnête dans notre relation. À partir de ce moment-là, j'ai juré de ne plus jamais me retenir d'elle. J'ai compris l'importance de tout partager avec elle, même si j'avais honte. Stacy a été aux premières loges de ma transformation, et me voir changer juste sous ses yeux nous a rapprochés encore plus.

Un moment qui m'a aidé à me tourner vers Jésus a été lorsque Stacy m'a envoyé plusieurs liens YouTube vers les vidéos du pasteur Michael Todd de Transformation Church à Tulsa, Oklahoma. Mon intérêt pour la spiritualité devenait fort et la plupart des églises ont été fermées à cause de la pandémie. C'était un lien vers l'un de ses sermons intitulé « Crazy Faith ». Dès que j'ai entendu ce sermon, cela m'a énormément marqué. Je crois que c'était censé être pour moi d'entendre ce sermon, même si je ne le suis pas activement aujourd'hui. Après avoir écouté son message le jour de la Saint-Patrick, le 17 mars 2020, j'ai donné ma vie au Christ. Ce lien YouTube était plus qu'une simple vidéo. C'était le début de mon voyage spirituel. Cela m'a amené à réfléchir. Penser à la vie que je menais. Penser à quel point je le dois à Dieu.

La Saint-Patrick est un jour très important pour moi et je le tiens à cœur. Comme j'étais alcoolique et que la Saint-Patrick a toujours été une grande fête dans ma vie, j'ai participé de tout cœur à cette fête. Même en tant qu'Irlandais honoraire du jour, je participais toujours à toutes ses activités. J'attendais vraiment avec impatience les festivités et les beuveries chaque année. C'était une époque où je pouvais m'adonner à mon amour pour l'alcool.

Le fait que j'ai choisi le jour de la Saint-Patrick pour abandonner ma vie au Christ me semble profondément prophétique. Cela m'a semblé être un moment où Dieu a fait preuve de son sens de l'humour, particulièrement avec moi. Transformer une telle journée de beuverie et de célébration en un moment de spiritualité réfléchie était assez ironique. C'est comme si Dieu voulait montrer qu'Il pouvait m'atteindre même dans mon indulgence préférée. Cette décision a été un énorme changement dans ma vie.

Le sermon « Crazy Faith » portait sur la foi. Il explique comment la foi peut changer la vie des gens et la rendre meilleure. J'ai été tellement touchée par ce message que je ne l'avais jamais été de ma vie. C'était un de ces sermons où l'on a l'impression que l'orateur parle spécifiquement de nos préoccupations et de nos difficultés. Bien sûr, je savais qu'il ne me parlait pas littéralement, mais le message était si touchant et opportun qu'il semblait prophétique. Cela m'a fait réaliser l'importance de marcher dans la foi et d'être ouvert aux changements que la foi peut apporter. Ce jour-là, le jour de la Saint-Patrick, je savais que j'étais censé participer à ce voyage ministériel. Le sermon de Michael Todd m'a appris à marcher dans la foi et l'obéissance à Dieu, ce qui est depuis devenu ma mission. Je suis incroyablement reconnaissant à Stacy d'avoir partagé ce lien avec moi. Elle n'avait aucune idée de l'impact que cela aurait, mais cela a tout changé pour moi. Cette expérience m'a appris à être patient et à m'améliorer en tant que père, fils, frère, ex-mari et ami.

La patience est quelque chose pour laquelle je prie quotidiennement. C'est parce que cela ne m'est pas toujours venu naturellement. Lorsque j'ai affaire à de mauvais conducteurs sur la route, je peux être impatient. J'ai toujours été faible dans ce domaine de ma vie et j'essayais d'y travailler. Finalement, je l'ai appris.

M'améliorer en tant qu'individu a été une priorité. J'essaie d'être un meilleur ex-mari, en maintenant le respect même après la fin du mariage. Je m'efforce d'être un meilleur père pour le bien de mes enfants. Je veux les couvrir de seulement mon amour. J'aimerais également être proche de ma petite-fille, Joiee, et avoir un impact constructif sur sa vie.

Étant un meilleur frère pour ma sœur, Rhonda est également importante pour moi. Notre relation compte beaucoup et je veux être là pour elle de manière significative.

En tant qu'ami, j'essaie d'être sympathique et loyal envers tout le monde autour de moi. Chaque jour présente des opportunités de croissance et je m'engage à évoluer vers la meilleure version de moi-même dans tous ces domaines. À ce stade, je veux dire quelque chose à tous les lecteurs qui m'ont accompagné à travers ces pages. Ils savent que je suis profondément reconnaissant envers les ministres, mentors et personnalités qui ont été là. À commencer par le pasteur Carmen Cox Harwell, qui a vu mon potentiel lorsque j'ai partagé pour la première fois mes luttes. Ensuite, mon cousin, le révérend Edward Alan Scott, qui m'a fait part de ses expériences, m'a soutenu lors de ma formation d'aumônerie.

Ma famille a également été une disposition importante dans ma vie. Mon beau-père, pasteur presbytérien, m'a toujours guidé et m'a donné la sagesse dont j'avais besoin pour ce chemin. De plus, ma tante, Elizabeth Scott, et la grâce de l'archevêque Desmond Tutu sont impératives dans mes enseignements. Leur influence, même après leur décès, continue d'inspirer mon ministère.

Pendant les périodes de quarantaine et d'isolement, leurs enseignements m'ont beaucoup aidé. Bien que incapable de participer à des stages ou à des placements traditionnels, j'étais satisfait de leurs conseils virtuels. Je suis particulièrement reconnaissant pour les amitiés nouées dans des circonstances inattendues comme la quarantaine. Ces relations, comme celle que j'entretiens avec Stacy, qui a vu mon changement et m'a activement aidé à le traverser, ont été inestimables.

Chapitre 15 : Arrêt Pitt

Je tiens à exprimer ma gratitude à Katherine et Bryan Fath de m'avoir accueilli dans leur famille dans le nord-ouest du Pacifique. Sans leur générosité, j'aurais été sans abri depuis longtemps. Vivre avec eux a également fait de moi un grand amoureux des chiens, car ils avaient six chiens lorsque j'ai emménagé. J'apprécie et j'aime sincèrement ces chiens. Ce fut une belle expérience et je veux commencer ce chapitre en les remerciant de m'avoir offert un foyer.

Maintenant, quand je parle du « Pitt Stop », je fais référence à la ville de Pittsburgh, qui a été pour moi une étape rapide. J'y ai vécu environ huit mois avant de déménager en Californie. Je suis resté à Pittsburgh pour travailler sur un documentaire que nous n'avons malheureusement jamais terminé. L'équipe de production comprenait James McDonough, Eden Herbert et Danny Hickton.

Danny Hickton est avocat à Pittsburgh. Lui et moi avions déjà travaillé ensemble à Denver chez Dixie Brands. Il venait également de Pittsburgh. Il appartenait à une région proche de chez moi. Ainsi, nous nous sommes bien entendus et je l'ai encadré pendant qu'il était à Dixie. Danny a finalement quitté Denver, est retourné à Pittsburgh et a poursuivi des études en droit.

Après avoir lu un article que j'ai écrit intitulé « Out of the Storm », Danny a suggéré que cela pourrait faire un documentaire captivant. Cette idée a planté la graine de notre projet. Outre Danny, il y avait James McDonough. Il était vidéaste et animateur pour Cisco Systems à Pittsburgh. Il a apporté à l'équipe son expertise en matière de nouvelles, de films et d'animation. Ensuite, Eden Herbert était notre excellent scénariste et conteur pour le documentaire. J'ai quitté le nord-ouest du Pacifique et me suis rendu à Pittsburgh en septembre 2021 pour lancer le documentaire « Project Resurrection » et regarder mon fils, Sy the Fourth, jouer ce que je pensais être sa dernière année de football universitaire. Nous avons commencé le tournage du documentaire à Pittsburgh. Au cours de ces huit mois, les acteurs clés étaient James McDonough en tant que vidéaste/producteur, Eden Herbert en tant qu'écrivain/conteur et l'avocat Danny Hickton en tant que conseiller en chef. Nous avons mené des interviews et filmé des plans de stand-up dans tout Pittsburgh. Cependant, nous avons été confrontés à un obstacle. C'était le manque de financement. La collecte de fonds n'a jamais été mon point fort. Je n'ai jamais été à l'aise de demander de l'argent pour soutenir des projets. Ainsi, je n'ai pas pu le faire cette fois-ci non plus.

Nous avions prévu de créer un documentaire de 90 minutes, mais nous n'avons réussi à en terminer qu'environ 20 % en raison de contraintes financières. C'était un projet ambitieux. Notre objectif était de capturer des histoires et des visuels captivants. Nous avons tourné dans plusieurs endroits autour de Pittsburgh et nos efforts ont abouti à une bande-annonce d'une minute résumant l'essence du documentaire. Nous avions envisagé de tourner dans divers endroits, notamment à Denver, dans le nord-ouest du Pacifique et dans mon ancienne ville natale. Même s'ils étaient tous très honnêtes dans leur travail, ils travaillaient gratuitement puisque je n'avais pas d'argent pour les payer. Finalement, j'ai décidé qu'il était injuste de leur demander de continuer à travailler sans compensation.

Nous avons filmé diverses scènes, notamment le match de football de mon fils, des séances de gym et un défilé de la Journée des anciens combattants. Pourtant, sans les fonds nécessaires, nous ne pouvions pas procéder aux tournages sur place. Le documentaire reste encore en suspens aujourd'hui. Je n'ai pas pu obtenir l'argent nécessaire et je ne voulais pas profiter de la bonne volonté de l'équipage. Ce chapitre de ma vie à Pittsburgh a été une période brève mais intense. C'était rempli de rêves et de défis. Quelle que soit la pause du projet, l'expérience était suffisante pour savoir que je devais raconter mon histoire au monde.

Mon fils, Sy, a joué au football universitaire à l'Université Wheeling en Virginie occidentale pendant mon séjour à Pittsburgh. Au début, je pensais que c'était sa dernière année, mais il a fini par bénéficier d'une année supplémentaire d'éligibilité. Au moment où il a obtenu cette année supplémentaire, j'avais déjà déménagé en Californie. Mon séjour à Pittsburgh avait donc un double objectif. L'un d'eux soutenait Sy dans ce que je croyais être sa dernière saison. Et deuxièmement, lancer « Project Resurrection », notre documentaire.

Pendant que j'étais à Pittsburgh, j'ai également eu le privilège de travailler avec la meilleure amie de ma sœur, Miss Tawana Gatewood. Elle m'a présenté Diane Powell, qui dirigeait une organisation à but non lucratif appelée Community and Family Builders. Cette organisation a fourni des jeunes mentors à la Penn Hills High School, en particulier dans le cadre de son programme New Directions. Penn Hills est une banlieue de Pittsburgh. C'est dans ce lycée que j'ai réalisé l'impact que je pouvais avoir. En devenant mentor pour les jeunes, je pourrais avoir un impact sur la vie des jeunes.

Thomas Gilcrease était le conseiller en chef de la Penn Hills High School et le leader du programme New Directions. Sa présence dans ma vie est devenue impérative, ce que j'ai réalisé plus tard. Thomas était diacre dans une église baptiste locale et doctorant en psychologie. C'était une personne talentueuse et compatissante. Nous avons rapidement tissé des liens et il a donné à Miss Gatewood et à moi la liberté de dialoguer avec les étudiants. Nous avons collaboré avec les étudiants sur un large éventail de sujets. New Directions était un programme alternatif conçu pour les étudiants qui autrement risqueraient une suspension. Les élèves allaient à l'école le samedi pour participer à ce programme. Dans le cas contraire, ils seraient suspendus. Même s'ils n'étaient pas ravis de passer leurs samedis matins à l'école, ils ont choisi le programme plutôt que la suspension.

Miss Gatewood et moi avons travaillé comme mentors pour les jeunes au sein de l'organisation Community and Family Builders. Il était dédié à l'éducation et à l'autonomisation des résidents de la communauté de Pittsburgh. Leur mission était de résoudre les problèmes chroniques et débilitants au sein de la communauté. Diane Powell a dirigé l'organisation et j'ai eu l'occasion de travailler aux côtés de Miss Gatewood. Elle était une amie de la famille depuis toujours. Nous étions jumelés pour encadrer les jeunes.

C'est Miss Gatewood qui m'a encouragé à partager mon histoire personnelle, y compris ma tentative de suicide passée, avec les étudiants. Au départ, j'étais hésitant. Cependant, j'ai fini par parler de mes expériences aux étudiants. Cette révélation a eu un effet profond sur les étudiants. Ils ont commencé à nous prêter attention et à dialoguer plus ouvertement avec nous. Partager mon histoire a brisé les barrières entre nous et créé un espace permettant aux étudiants de partager leurs propres luttes.

Le programme New Directions est devenu une plateforme permettant à ces jeunes d'exprimer leurs problèmes et de chercher des conseils. Même si cela obligeait les élèves à venir à l'école le samedi pour faire leurs devoirs, cela leur fournissait également le mentorat et le soutien de personnes comme Miss Gatewood et moi. Bien qu'ils aient été réticents au départ, ils ont vite été satisfaits du mentorat qu'ils ont reçu. Pendant notre séjour à Penn Hills High School, nous avons été témoins de l'impact de notre travail. Le programme New Directions visait à offrir une alternative positive à ces étudiants. La suggestion de Miss Gatewood de partager mon histoire personnelle était la meilleure idée. Cela a ouvert un nouveau niveau de connexion avec les étudiants. Ils ont commencé à nous faire confiance. Ils nous considéraient comme des mentors véritablement soucieux de leur bien-être. Les vannes se sont ouvertes et les étudiants ont commencé à partager leurs propres histoires et luttes. Il est devenu évident que nombre d'entre eux étaient confrontés à des problèmes majeurs. Notre mentorat leur a fourni un espace sûr pour parler de leurs problèmes.

Ils avaient perdu une poignée d'étudiants, des jeunes qui commençaient tout juste à diriger leur vie. Ils essayaient juste de comprendre ce qui se passait. Dans une lutte au corps à corps contre les dures réalités de la violence armée et d'autres rencontres urbaines, Tawana Gatewood et moi sommes arrivés en tant que mentors pour les jeunes, et les étudiants se sont vraiment ouverts à nous. Ils sont devenus si proches de nous que cela les a poussés à partager leurs propres histoires.

Un incident particulier ressort. Après avoir partagé mon histoire personnelle, une jeune femme dans la classe a révélé les cicatrices sur son bras dues à l'automutilation. Ce moment a été pour moi un signal d'alarme. Cela m'a fait réaliser la profonde pertinence et l'impact que mon histoire pouvait avoir sur les autres, en particulier sur la jeune génération. Ma révélation de ma propre tentative de suicide semblait révéler quelque chose en eux.

Ce fut une expérience extrêmement émouvante. Lorsque vous ouvrez votre esprit et votre cœur, les autres se sentent souvent en sécurité pour faire de même. Si vous êtes prêt à ouvrir votre esprit, les gens peuvent s'y identifier. La jeune femme qui m'a montré ses cicatrices m'a demandé comment j'avais réussi à surmonter les difficultés mentales auxquelles je faisais face. Elle m'a dit : « M. Sy", c'est comme ça que les étudiants m'appelaient, "Comment as-tu surmonté, tu sais, la partie mentale ? Comment as-tu surmonté ça ? » J'ai expliqué que l'écriture avait été mon salut et j'ai partagé mon article « Hors de la tempête ». Elle l'a lu et a eu l'impression que je lui parlais directement. Elle m'a dit : "C'était presque comme si tu parlais de moi." C'est le message central de mon livre. Bien qu'il s'agisse de mon histoire personnelle, ses thèmes et ses leçons sont universels. Il s'adresse à toute personne prête à affronter ses problèmes. Cela indépendamment de l'âge ou de tout autre facteur. C'est mon histoire, mais elle peut s'appliquer à n'importe qui. Vous pouvez être âgé ou un jeune enfant. Peu importe si vous êtes prêt à vous ouvrir et à reconnaître si vous avez des problèmes. J'écris non seulement sur moi-même mais aussi sur d'autres personnes qui souffrent.

Le courage de cette jeune femme m'a laissé une impression durable. Après avoir déménagé en Californie, Miss Gatewood m'a dit que la jeune fille s'était levée devant sa classe pour partager sa propre histoire. Mme Tawana Gatewood a déclaré : « Sy, vous auriez été si fière d'elle.

Elle s'est levée devant la classe et a lu sa propre histoire. Et elle a pu l'exprimer au reste des enfants. J'étais immensément fier de son courage. Comme elle n'avait que 16 ans à l'époque, j'ai demandé l'autorisation de ses parents pour lui parler. Et je lui ai dit : « C'est une belle chose que tu sois prête à te lever et à parler à tes pairs des choses que tu as vécues. » Sa volonté de s'ouvrir à ses pairs sur ses luttes est ma victoire.

Ainsi, mon histoire trouve un écho chez beaucoup car elle ne concerne pas seulement mes expériences. Il aborde également les luttes des autres qui souffrent en silence. En tant qu'aumônier travaillant auprès de patients atteints de cancer,

J'avais pris l'habitude de faire face à la douleur et à la souffrance.

Cependant, en tant que mentor dans une école secondaire, notamment auprès d'élèves en souffrance, j'ai présenté une nouvelle perspective sur mes expériences. Ces jeunes ont été enfermés pendant si longtemps que leur capacité à communiquer en a été gravement affectée.

Ils sortaient tout juste de la pandémie, c'était donc une période très émouvante pour eux. Je suis heureux d'avoir pu partager mon histoire avec eux car cela a changé la façon dont ils communiquaient avec Miss Gatewood et moi.

Je suis donc resté là-bas environ huit mois. J'habitais avec ma sœur, Rhonda Elaine Alli, et son mari, Rick James. Ils m'ont fourni un logement pendant mon séjour à Pittsburgh. Ma sœur est vraiment ma partenaire « Ride or Die » et la sœur la plus fidèle qu'un frère puisse avoir. Je serai toujours reconnaissante pour tout ce qu'elle a fait pour moi.

J'ai également eu la chance de passer du temps de qualité avec Sy le Quatrième, mon fils. Et même si j'étais à Pittsburgh, je travaillais toujours avec l'un des patients atteints de cancer du nord-ouest du Pacifique. Donc, je travaillais toujours avec des jeunes et je travaillais avec certains patients atteints de cancer. C'était une situation intéressante mais aussi très enrichissante.

Néanmoins, je savais que je n'allais pas rester à Pittsburgh pendant une longue période. Sans aucune idée de l'endroit où j'allais, j'ai décidé de déménager. J'ai toujours aimé la Californie depuis que j'y vis au début des années 90. Je savais que c'était cher, mais j'ai toujours su que je pourrais me retrouver en Californie à un moment donné. En admettant que mon fils ait fini par obtenir une autre année d'éligibilité en raison de la pandémie, je savais que Pittsburgh n'était pas ma destination finale. Cependant, je ne savais pas où la vie me mènerait après Pittsburgh. Je ne sais toujours pas pourquoi j'ai quitté Pittsburgh et je suis allé en Californie, mais c'est Dieu qui m'a guidé là-bas pour des raisons que je finirais par découvrir. À l'époque, je ne pouvais que penser que Pittsburgh n'était pas là où j'appartenais. En avril 2022, je suis parti et je suis allé en Californie. Néanmoins, à cette époque à Pittsburgh, j'ai commencé à réaliser que j'avais ce lien avec les jeunes.

Il y avait un lien entre moi et ces lycéens même si j'étais assez vieux pour être non seulement leur parent mais peut-être leur grand-parent.

Par conséquent, comme je l'ai dit, je savais que je n'allais pas rester à Pittsburgh. Pourtant, je sentais mon cœur lourd. J'ai dû quitter ces enfants parce que nous arrivions juste au point où ils s'ouvraient et racontaient des détails profondément enracinés.

Ces émotions qu'ils partageaient et qui se déroulaient dans leur cœur et leur esprit étaient si essentielles pour qu'ils puissent avancer dans leur vie et la vivre pleinement. Les quitter n'a donc pas été facile. Ce fut un moment charnière. C'est la raison pour laquelle j'appelle cela un arrêt au stand. C'est juste un jeu de mots sur Pittsburgh parce que c'était assez bref, mais c'est là que j'ai eu l'idée que je peux travailler avec des jeunes, peu importe leur âge ou leur jeunesse. Je peux travailler avec à peu près n'importe qui et tout le monde.

C'était l'affirmation que j'avais définitivement quelque chose à donner aux jeunes, surtout s'ils sont aux prises avec des problèmes de santé mentale. C'est ma plateforme. Je ne savais pas sur quoi j'allais tomber en arrivant en Californie. Tout ce que je peux dire, c'est que Pittsburgh était très fascinant et qu'il était toujours bon d'être à la maison. Même si j'ai grandi au nord de Pittsburgh, je l'ai toujours considéré comme ma maison d'adoption.

Chapitre 16 : Le rêve californien

Je suis venu en Californie en avril 2022 pour travailler pour une entreprise de sécurité. Ils m'ont recruté pour devenir leur directeur exécutif. Je ne savais pas comment cela fonctionnerait. Je savais que c'était une très petite entreprise. Je n'y suis resté que quelques mois. Donc ça n'a pas marché.

Ce qui s'est passé là-bas, c'est que, premièrement, ils n'avaient pas les fonds nécessaires pour me loger. J'ai donc vécu dans mon bureau pendant deux mois, d'avril à juin. Je n'avais pas vraiment d'endroit convenable où vivre. L'entreprise est venue me voir un dimanche de juin et m'a dit qu'elle arrêtait ses activités. Ils m'ont dit que si je voulais retourner à Pittsburgh ou dans le nord-ouest du Pacifique, ils me donneraient un billet d'avion. Je l'ai nié. J'ai dit que j'allais rester en Californie. Ils étaient très curieux et ne comprenaient pas pourquoi je voulais rester. C'était parce que je n'avais ni amis ni famille dans la région.

Même si je n'avais pas d'endroit où vivre et, à ce moment-là, pas de travail, je me sentais obligé de rester. Ils ont repris la voiture de société qu'ils m'avaient donnée, donc je n'avais littéralement rien. Cependant, j'avais assez d'argent en poche pour séjourner dans un hôtel Best Western à Marina, en Californie. C'était juste sur la plage et j'y suis resté une nuit. Cette nuit-là, c'était la première fois que je dormais dans un lit confortable après deux mois.

C'était parce que je dormais sur un canapé-lit dans mon bureau pendant cette période. L'entreprise n'avait pas l'argent pour m'héberger comme elle l'avait promis. Au lieu de me placer dans un hôtel pendant quelques semaines, ils m'ont acheté un futon, un canapé qui se transforme en lit. J'ai dormi là-bas, mais ce n'était pas la meilleure situation.

Selon le gouvernement, j'étais sans abri parce que le bureau n'était pas un lieu qui offrait un logement. C'était un petit bureau, donc j'étais considéré comme un sans-abri. Je l'ai rendu officiel lorsque j'ai fini par me rendre au Centre de transition des anciens combattants. Maintenant, j'étais officiellement sans abri. Le Veterans Transition Center, ou VTC, était situé sur l'ancienne base militaire de Fort Ord en Californie. Il s'agissait essentiellement d'un refuge pour sans-abri pour anciens combattants. Je me suis levé le lendemain matin et j'ai pris un Uber jusqu'au Centre de transition des anciens combattants.

C'est comme ça que j'ai vraiment commencé en Californie parce que la société de sécurité ne fonctionnait pas. J'ai découvert plus tard que l'entreprise n'avait pas vraiment fermé ses portes. C'était un stratagème pour me faire partir. Je n'ai jamais compris pourquoi ils ne venaient pas me voir et ne me disaient pas qu'ils n'avaient pas d'argent. Et que ça n'allait pas marcher. Il aurait été plus honorable de me dire la vérité. Au lieu de cela, ils m'ont dit qu'ils fermaient l'entreprise alors qu'ils ne l'avaient pas fait.

Quelques mois après mon séjour en Californie, j'ai dû me rendre à l'hôpital VA de Palo Alto. C'était au nord de chez moi. C'est à ce moment-là que j'ai découvert que l'entreprise était toujours ouverte. Il n'était pas nécessaire qu'ils mentent. Je n'ai rien contre eux. Mais j'aurais apprécié s'ils étaient honnêtes avec moi. Ils auraient pu simplement dire : « Nous n'avons pas d'argent. Nous ne pensons pas que cela va marcher. Nous aurions pu nous séparer honorablement. Pourtant, ils n'étaient pas francs, ce qui était décevant.

Cependant, je me fiche de leur tromperie. Dans l'ensemble, cela n'avait pas d'importance parce que Dieu avait d'autres projets pour moi. Leurs actions, bien que potentiellement blessantes, m'ont en réalité rendu un immense service. L'ancienne base militaire de Fort Ord, où se trouvait le VTC, avait été fermée en 1994 dans le cadre du réalignement et de la fermeture de la base autorisée par le président Clinton. La base était immense, presque de la taille de deux villes, mais il y avait encore quelques zones d'habitation où étaient hébergés les anciens combattants sans abri. Au VTC, j'avais quatre ou cinq colocataires avec qui je partageais le logement à Marina en Californie. J'ai fait la connaissance de mes colocataires une fois que je me suis localisé et que j'ai pris mes repères. J'ai réalisé que c'était une étape très importante pour moi. Je me suis réconcilié avec mes colocataires. Le soutien que nous nous sommes offert mutuellement a été inestimable. Cette période de ma vie était inattendue et initialement non désirée. Cependant, c'est ce qui m'est devenu très cher.

Je comprends maintenant ce que c'est d'être sans abri. Je sais ce que ça fait d'être sans argent et de ne pas avoir de travail. J'ai vécu tout ça. Cette expérience m'a donné une empathie et une compréhension plus profondes. Cela a développé une émotion chez ceux qui n'avaient pas de logement stable. La malhonnêteté de l'entreprise de sécurité m'a conduit là où je pouvais faire une réelle différence dans la vie des gens.

Je me suis senti consterné et confus en arrivant au VTC. Je pensais que Dieu était peut-être en colère contre moi. J'étais là ! Ayant réussi dans mon domaine de travail. Soudain, je me suis retrouvé dans un refuge pour sans-abri. Sans argent, sans voiture et sans travail ! Je pensais que c'était la fin pour moi. Il s'est avéré que ce n'était que le début.

J'ai demandé à Dieu pourquoi il m'avait mis dans cette situation. Sa réponse a été claire. Il m'a demandé : « Vous êtes aumônier, n'est-ce pas ? J'ai répondu : « Oui ». Il m'a ensuite aidé à assumer mon rôle et à utiliser mes compétences pour aider les autres anciens combattants autour de moi. Il a souligné que de nombreux anciens combattants pourraient bénéficier de mes conseils et de mon soutien. J'ai suivi son conseil et j'ai commencé à m'occuper des anciens combattants du VTC. Une fois que j'ai commencé à dialoguer avec les autres anciens combattants, j'ai réalisé que beaucoup d'entre eux étaient confrontés à des défis bien plus importants que moi. Ils étaient aux prises avec le SSPT, des problèmes de santé mentale et des problèmes d'alcool. Ma situation était bien que difficile. Cependant, cela n'est rien en comparaison de ce qu'ils ont enduré. Il est devenu évident que ma présence au VTC était une aubaine. Ce n'était pas seulement pour moi. C'était pour les anciens combattants que j'ai pu aider. Cette expérience m'a appris que parfois la vie arrête nos pas uniquement pour donner un élan au futur. Il s'agit en fait d'un pas vers la réalisation d'un objectif plus grand.

***

Je n'avais pas d'argent, donc pour obtenir des fonds de l'État, je recevais 300 $ par mois de la Californie. Ce petit montant m'a permis de couvrir ma facture de téléphone et quelques autres produits essentiels. Pour gagner cet argent, j'ai dû travailler dans un service de travaux publics à Del Rey Oaks, en Californie. Le chef des travaux publics nous a confié des tâches et j'ai été chargé de nettoyer les toilettes d'un parc local. Ce n'était pas glamour, mais j'ai pris l'initiative et j'ai travaillé très dur.

Le directeur des travaux publics a remarqué mon dévouement et mon physique. Je lui ai dit que j'étais aumônier. Je l'ai également informé de mon état au refuge pour sans-abri. Il a décidé de me confier certains des travailleurs souffrant de problèmes comme le SSPT. Il pensait que je pourrais peut-être les aider.

Ainsi, pendant que je nettoyais les toilettes et ramassais les ordures, j'ai aussi aidé d'autres personnes. Le réalisateur s'est pris d'affection pour moi. Bref, on s'est bien entendu. Même si je ne gagnais que 300 $ par mois, je travaillais assidûment. Le réalisateur l'a remarqué. Il m'a dit qu'il ne pensait pas que je serais sans abri longtemps. Il croyait que Dieu me réservait quelque chose de spectaculaire. À l'époque, j'en ai ri. J'ai pensé : « Nous verrons. » Cependant, les choses se sont effectivement améliorées. J'ai remarqué un centre de remise en forme Anytime de l'autre côté de la rue pendant mon séjour au refuge. Anytime Fitness est une grande chaîne de centres de fitness. Je n'avais pas d'argent pour y participer à l'époque. Quoi qu'il en soit, je suis entré et j'ai rencontré le propriétaire. J'ai expliqué que j'habitais de l'autre côté de la rue. Ils ont pu voir que j'étais en forme et que j'étais en forme. Le directeur général d'Anytime Fitness a proposé un plan généreux, me permettant d'utiliser la salle de sport gratuitement pendant deux ou trois mois jusqu'à ce que je puisse me permettre de payer. Dieu plaçait vraiment les bonnes personnes sur mon chemin et j'étais incroyablement reconnaissant envers le manager de m'avoir donné un endroit où m'entraîner.

J'ai trouvé ma nouvelle église, His Grace Ministries, par l'intermédiaire de RJ, un Ranger de l'armée à la retraite qui avait effectué plusieurs missions en Afghanistan et en Irak. Maintenant, il souffrait du SSPT et traversait beaucoup de choses, mais nous avons réussi à créer des liens et à partager nos expériences. Il travaillait comme chef dans un restaurant grec local et me rapportait souvent des gyros à la maison. Tard dans la nuit, nous nous asseyions et parlions, partageant nos histoires. Un soir, il a évoqué une messe célébrée tous les dimanches au VTC, dont je n'avais pas connaissance.

RJ m'a emmené au service un dimanche, où j'ai rencontré la congrégation de His Grace Ministries International, dirigée par le pasteur Enrique Cardenas. Le pasteur Enrique et moi nous sommes rapidement connectés et j'ai commencé à aller régulièrement à l'église. J'ai appris à aimer l'Église et la communauté. Cependant, en raison de certains problèmes, l'église a dû déménager du VTC à Salinas, en Californie, et les services ont eu lieu dans la maison du pasteur Enrique. Malgré le changement, je suis resté attaché aux ministères de Sa Grâce. Trouver la maison de mon église a été une bénédiction. L'aspect spirituel de ma vie a commencé à se réformer à mesure que je me connectais avec l'Église et ses membres. J'ai emmené mes colocataires aux services religieux et les choses se sont développées positivement pour moi à His Grace Ministries. Je suis devenu huissier et je me suis impliqué davantage au fil du temps. Lors de nos petits-déjeuners mensuels pour hommes, j'ai partagé mon témoignage sur ma tentative de suicide, ce qui semblait me donner du pouvoir. Les hommes ont été attirés par mon histoire et voulaient en savoir plus sur mon parcours. Les choses commençaient à prendre forme et je me sentais mieux dans ma situation, même si j'étais encore dans un refuge.

Au Centre de transition des anciens combattants, mon gestionnaire de cas, Charlie Schmidt, a insisté pour que je me dote d'un bureau pour mon aumônerie. Ce bureau m'a permis de conseiller certains gars aux prises avec le SSPT, l'alcoolisme, la toxicomanie et d'autres problèmes. Avoir cet espace représentait une avancée significative et les choses commençaient à s'améliorer. Ce fut un processus lent. Mais des progrès étaient en cours.

Je me suis davantage impliqué pour aider les autres chaque jour qui passait. J'aidais à la fois au refuge et dans la communauté au sens large. Le service des travaux publics m'a fourni les fonds indispensables et m'a permis d'entrer en contact avec des personnes qui avaient besoin de mon soutien. Ce travail et mon rôle croissant au sein de l'Église m'ont donné un sens renouvelé du but et de l'orientation.

Le directeur des travaux publics a continué d'être une source d'encouragement, me rappelant que mon travail acharné et mon dévouement ne passaient pas inaperçus. Sa confiance en mon potentiel m'a aidé à traverser les moments les plus difficiles. De même, la générosité du responsable d'Anytime Fitness m'a apporté un exutoire physique indispensable à mon bien-être. Ces actes de gentillesse et de soutien de la part de la communauté ont été cruciaux pour m'aider à reconstruire ma vie.

Mon colocataire au VTC, Brad Burns, était un homme de 80 ans avec une voiture, mais il ne pouvait pas conduire en raison d'infractions de conduite antérieures. J'ai donc commencé à le conduire, ce qui m'a donné accès à son véhicule. Lorsque j'ai commencé à postuler pour un emploi, j'ai trouvé un poste de mentor auprès des jeunes dans un district scolaire local.

J'ai parlé du travail à Brad et lui ai mentionné que j'avais besoin d'une voiture pour l'entretien. Généreusement, Brad m'a offert sa voiture à utiliser. Il a dit : "Eh bien, je ne peux pas conduire ma voiture. Vous m'avez conduit partout. Alors pourquoi ne prenez-vous pas simplement la voiture pour aller à l'entretien d'embauche ?" Alors, je l'ai fait.

J'ai passé un entretien avec une entreprise. Cela s'appelait Elevo, qui se concentrait sur le coaching, et j'ai été embauché comme entraîneur de jeunes. Ce travail était une bénédiction déguisée et le soutien de Brad a été utile pour ma croissance mentale et financière. J'avais désespérément besoin de ce travail, car je n'avais pas d'argent du tout. Le travail chez Elevo m'a permis de me rendre dans cette école.

En janvier 2023, j'ai été promu à la direction, ce qui a amélioré ma situation financière. Mais en avril, mon temps au VTC était écoulé et j'ai dû partir. Sans logement permanent, j'ai commencé à louer Airbnb à Salinas et Pacific Grove, en Californie.

Chapitre 17 : Entraîneur Sy

Lorsque j'ai commencé en tant qu'entraîneur de jeunes, j'ai été affecté à la 1re année TK, qui comprend la maternelle de transition, la maternelle et la 1re année. Ce sont de très jeunes enfants – un changement radical par rapport à l'époque où j'étais à Pittsburgh, où je travaillais avec des lycéens. Donc, je suis passé du lycée à essentiellement des bébés.

En gros, nous parlons de première année. Par conséquent, je devais trouver un moyen de m'assurer que les enfants comprennent ce que nous essayions d'accomplir avec Elevo. Les enfants me connaissent sous le nom de Coach Sy, et j'ai dû naviguer entre le révérend Sy et le Coach Sy. Je devais veiller à ce que la séparation entre l'Église et l'État soit respectée et ne soit jamais franchie. À l'école, lorsque j'interagissais avec ces enfants en tant qu'entraîneur Sy, je devais agir en tant que mentor plutôt qu'aumônier pour éviter les conflits avec les doctrines de l'Église et de l'État interdisant l'introduction de la religion dans les écoles.

Indépendamment des discussions politiques actuelles suggérant que la religion pourrait devenir plus présente dans les écoles, comme l'enseignement des Dix Commandements, je devais être très prudent. En tant qu'entraîneur Sy, mon rôle était de mentor, presque comme si j'exerçais un ministère dans les écoles, mais sans citer directement les écritures bibliques aux enfants.

En faisant cela, je pourrais toujours exercer mon ministère en étant un bon mentor attentif. J'espère que cette explication a du sens, car il était crucial pour moi d'éviter toute situation où les administrateurs scolaires pourraient me dire que, même s'ils savent que je suis aumônier, je ne peux pas prêcher aux enfants. C'était un équilibre délicat, mais je crois que je l'ai bien géré. Je pouvais toujours encadrer efficacement les enfants et, d'une certaine manière, j'avais l'impression d'exercer un ministère. Par conséquent, la frontière entre être ministre et mentor à l'école était un peu floue. Cependant, j'ai découvert que j'étais un bon mentor, capable d'établir un lien avec les enfants, même les plus jeunes. Pour mieux comprendre Elevo, il faut savoir qu'il s'agit d'une entreprise éducative. Il offre une variété de programmes et de services scolaires et extrascolaires. Il vise à soutenir le bien-être physique et mental de tous les étudiants. Cela, à son tour, les aide dans leurs études.

Parmi les programmes scolaires, ils proposent des programmes en milieu scolaire. Ceux-ci comprennent des programmes de déjeuner et de récréation. Et puis il y a les programmes parascolaires. Ces programmes sont conçus pour enseigner aux enfants l'esprit sportif et le travail d'équipe à travers divers jeux. Nous organisons donc des événements sportifs pour eux. Même si ces enfants étaient très jeunes, ce qui est assez différent de mon expérience précédente à Pittsburgh avec des lycéens, l'essence des programmes d'Elevo reste cohérente.

Lorsque j'ai déménagé en Californie, je n'avais aucune idée que je finirais par travailler dans des écoles primaires en tant qu'entraîneur et mentor pour les jeunes, mais mon expérience avec des enfants plus âgés m'a aidé à m'adapter. Je ne peux pas partager mes expériences personnelles, comme ma propre tentative de suicide, avec de si jeunes enfants, car ils ne comprendraient pas.

Cependant, j'ai un sens aigu de reconnaître les enfants en difficulté, une compétence qui, je crois, est donnée par Dieu. Je travaille avec de très jeunes entraîneurs, certains aussi jeunes que mon fils Sy, 23 ans. Souvent, je me retrouve à encadrer à la fois les entraîneurs et les étudiants. Ces jeunes coachs, âgés de 19 à 22 ans, viennent fréquemment vers moi lorsqu'ils rencontrent des élèves en difficulté. Je parle aux enfants et découvre souvent que leurs problèmes à la maison affectent leur vie scolaire. De nombreux jeunes entraîneurs ne sont pas équipés pour gérer de telles situations, mais mon expérience d'aumônier et de conseiller auprès de patients atteints de cancer et d'anciens combattants souffrant du SSPT m'aide à établir un lien avec ces enfants et à gagner leur confiance. Ce travail a été une bénédiction, surtout compte tenu de mes expériences passées, notamment du temps passé dans un refuge pour sans-abri. Aujourd'hui, travaillant à temps plein en tant que responsable du succès du site, je me considère toujours comme un coach. Les enfants m'appellent Coach Sy, et j'insiste pour qu'ils n'utilisent pas mon prénom, et je ne les laisse pas non plus appeler les autres entraîneurs par leur prénom. Cette formalité contribue à établir le respect des jeunes entraîneurs qui, malgré leur âge, sont des mentors.

La direction comprend et soutient cette approche, sachant qu'elle contribue à maintenir l'autorité des entraîneurs. Les jeunes entraîneurs apprécient aussi cette structure, même s'ils se moquent de ma rigueur. Ce respect est crucial car il renforce la relation mentor-étudiant. Travailler avec ces enfants a été incroyablement gratifiant et Elevo a beaucoup soutenu mes efforts pour lutter contre la santé mentale et fournir une aide significative aux étudiants.

Le soutien d'Elevo m'a permis d'utiliser mes compétences pour repérer et aider les enfants en difficulté. C'est un sentiment merveilleux d'identifier les problèmes et de fournir de l'aide, car j'ai déjà rencontré des problèmes similaires avec des étudiants plus âgés. Elevo me convient parfaitement car je peux encadrer à la fois les étudiants et les jeunes entraîneurs, qui sont souvent proches de l'âge de mon fils. Ce rôle m'a permis d'être un mentor pour tout le monde chez Elevo. Elevo propose divers programmes basés sur l'apprentissage social et émotionnel « SEL » dans les districts scolaires de Californie. Il s'agit d'une entreprise en pleine croissance au sein de l'État, qui propose un soutien par le biais de cours d'éducation physique et d'autres activités favorisant l'apprentissage socio-émotionnel. Après la pandémie et la période de quarantaine prolongée, nous avons constaté de nombreux problèmes parmi les étudiants qui étaient isolés depuis longtemps. À leur retour à l'école, ils ont eu du mal à se réadapter aux environnements sociaux. Les programmes d'Elevo sont devenus plus importants que jamais, aidant les enfants dans de nombreux aspects de leur vie. La mission de l'entreprise correspond parfaitement à ma passion pour le mentorat et la défense de la santé mentale. Nous aidons les étudiants à développer des compétences essentielles dans la vie quotidienne, leur fournissons un soutien émotionnel et encourageons l'activité physique. L'approche globale d'Elevo en matière de bien-être des étudiants fait une différence significative, en particulier dans le contexte post-pandémique actuel. La combinaison de mes compétences d'aumônerie et de coaching me permet d'apporter un soutien unique et efficace tant aux étudiants qu'aux jeunes coachs.

Je continue de trouver de la joie à travailler avec ces enfants et à les soutenir à travers les programmes d'Elevo. Le respect et la confiance que je reçois de la part des enfants et des entraîneurs renforcent mon engagement dans ce travail. Elevo fait vraiment la différence. Travailler avec eux m'a permis d'aider ces jeunes étudiants à relever leurs défis. La croissance et l'impact de l'entreprise à travers la Californie soulignent l'importance de notre travail et les changements positifs que nous apportons à la vie des étudiants.

Elevo est une entreprise éducative qui fait vraiment la différence. Travailler avec Elevo m'a permis de combiner efficacement mes compétences et mes passions. Il a eu un impact durable sur la vie des jeunes étudiants et des jeunes entraîneurs qui les guident. Cette relation harmonieuse avec Elevo continue de m'inspirer et de me motiver, renforçant la valeur du travail que nous accomplissons chaque jour.

***

Comme je l'ai mentionné dans un chapitre précédent, mon ami RJ m'a présenté His Grace Ministries International. J'ai grandi avec eux. Maintenant, je fais partie de l'équipe de direction, je dirige l'équipe d'huissier et d'accueil le dimanche et je codirige notre ministère de sensibilisation auprès des hommes. Nous organisons un petit-déjeuner biblique un samedi par mois.

De plus, nous servons chaque lundi dans un foyer des Alcooliques anonymes à Salinas, où de nombreux hommes luttent contre l'alcoolisme et la toxicomanie. Mon implication dans ce ministère s'est approfondie et je prêche le dimanche environ une fois tous les trois ou quatre mois. Je prêche aussi régulièrement à nos hommes.

Faire partie de ce ministère a été fantastique maintenant que je suis en Californie. J'ai l'impression d'avoir une véritable église. Ce ministère se développe à Salinas, en Californie. Le pasteur Enrique et son épouse, le pasteur Ileana, m'ont confié de nombreuses responsabilités et j'ai été à la hauteur. Spirituellement, j'ai encore grandi depuis mon arrivée ici. Même si je suis déjà aumônier, His Grace Ministries me permet de faire davantage de sensibilisation, en particulier d'amener les hommes dans le giron du Christ. Cette expérience a été incroyable et j'ai grandi de façon exponentielle ici.

J'ai évolué du statut de simple membre à celui de membre de l'équipe de direction de l'église. J'ai mon mot à dire sur la façon dont nous gérons l'inauguration, l'accueil de notre congrégation le matin et d'autres aspects du programme de l'église. Ma croissance est parallèle à la croissance de l'Église. Les pasteurs, notre équipe de louange et d'adoration et tout le reste s'agrandissent. Je suis très heureux, honoré et honoré de faire partie de la croissance de l'Église.

***

Je veux partager ce qui m'a inspiré pour écrire ce livre alors que j'arrive à la fin. Dieu m'a inspiré. Je n'avais aucune envie d'écrire ce livre. La dernière chose que je voulais exposer, en tant que personne privée, était mes propres faux pas et mes propres difficultés. Cependant, Dieu m'a fait comprendre qu'écrire ce livre était nécessaire.

Il m'a dit que cela aiderait non seulement moi, mais aussi d'autres personnes qui luttent en silence contre des problèmes de santé mentale, ceux qui luttent contre la dépression ou le SSPT sans l'admettre. J'étais réticent, mais Dieu m'a rappelé sa direction dans ma vie. Il a dit : « Je suis venu pour toi. Maintenant, j'ai besoin que vous écriviez à ce sujet.

J'ai commencé à écrire et à documenter comme une forme de thérapie. C'était une pratique que j'encourageais les jeunes étudiants de Penn Hills High School à faire. Écrire a été relaxant pour moi. Et aider les autres grâce à mes écrits a été encore plus gratifiant.

Ainsi, ce livre ne concerne pas seulement moi. Il s'agit de tendre la main à ceux qui sont en difficulté. J'espère faire sortir les autres du crépuscule en mettant mes expériences sur papier et en les partageant. Même si certains peuvent réagir négativement, me traitant de faible parce que je n'ai pas admis mes problèmes plus tôt, je sais que de nombreuses personnes souffrant de dépression préfèrent garder leurs difficultés cachées. Ce livre a pour but de mettre ces questions au grand jour. Il s'agit d'encourager les gens à demander de l'aide et à parler de leur santé mentale.

J'adore la métaphore d'un phare. J'ai toujours été attiré par les phares situés près de l'océan Pacifique. Il guide les navires en difficulté vers la sécurité. De la même manière, de nombreuses âmes perdues ont besoin d'aide et de direction. Écrire ce livre est ma façon d'être un phare, guidant ceux qui sont perdus vers les rivages de la sécurité et de la lumière. Mon rôle dans cette affaire est mineur comparé à l'impact potentiel que ce livre peut avoir sur les autres. Il est conçu pour inciter les gens à demander de l'aide, à parler de leurs problèmes de santé mentale et à commencer à écrire sur leurs expériences. C'est ainsi que je mesure le succès de ce livre. J'ai des projets pour l'avenir. J'ai un manuscrit intitulé « Corporate Smokejumper » qui explore ma carrière dans le secteur de la protection, les personnes que j'ai protégées et les situations que j'ai rencontrées.

Même si je n'en ai parlé que dans le livre actuel, qui se concentre davantage sur la foi et sur la façon dont elle vous aide à traverser les moments difficiles, j'ai toujours l'intention de terminer « Corporate Smokejumper ». Ce futur projet explorera un aspect différent de ma vie et de mes expériences, mais le thème sous-jacent de surmonter les défis et de chercher de l'aide restera central.

Voici une note personnelle de ma part aux lecteurs. Vous devez comprendre qu'il y a de la lumière au bout du tunnel. Beaucoup de gens sont profondément déprimés et coincés dans l'obscurité. Ce livre est une bouée de sauvetage destinée à inspirer et à aider ceux qui sont en difficulté.

Cela pourrait être une lutte émotionnelle ou une lutte mentale. Cela pourrait même être physique ou financier. J'espère que mes expériences encourageront les autres à demander de l'aide. Si vous ne pouvez pas me contacter, contactez un pasteur, un psychologue ou quelqu'un qui peut vous aider à passer de l'obscurité à la lumière.

J'étais un professionnel au sommet de ma forme en tant qu'expert et conseiller en sécurité. Pourtant, je souffrais toujours d'une dépression massive. Les professionnels de n'importe quel secteur peuvent avoir des problèmes de santé mentale. Votre statut professionnel ou socio-économique n'a pas d'importance. Vous pourriez être sans abri ou vivre dans un manoir, et la dépression peut vous affecter. Je veux que les gens sachent que de l'aide est disponible et qu'il est impératif de la rechercher. Si les gens voient mon parcours et pensent : « Sy était un athlète professionnel, un artiste, un professeur d'université et un voyageur du monde qui protégeait les gens. Pourtant, il a lutté et l'a surmonté », peut-être qu'ils retrouveront de l'espoir par eux-mêmes. C'est le message que je veux transmettre : il y a toujours une issue. Peu importe où vous en êtes dans la vie. Rechercher de l'aide est la première étape.

www.ingramcontent.com/pod-product-compliance
Lightning Source LLC
LaVergne TN
LVHW020818061026
849530LV00003B/18
* 9 7 9 8 3 4 9 2 2 0 8 1 4 *